Profundizando
Un devoto de 30 días

Frank y Samuel Gervasi

MIDWEST CHRISTIAN PUBLISHING

ISBN: 979-8-218-64488-8

Profundizando – Un Devocional de 30 Días

Profundizando – Un Devocional de 30 Días

Introducción:

Ya sea que usted sea alguien que tiene un buen caminar con el Señor o simplemente quiera acercarse a Cristo. Toda persona de fe se encuentra queriendo o necesitando una mejor conexión con Dios. Para la persona que ha ido a la deriva, no siempre recordamos cómo sucedió o cómo llegamos a ese punto en nuestro viaje espiritual. Sin embargo, todos estamos, en un momento u otro, despertados por la comprensión de que queremos más de Dios.

Recordamos como lo hizo David en los Salmos, momentos en los que disfrutamos de nuestra relación y de nuestra cercanía con Dios. Dice: *"Estas cosas me acuerdo mientras derramo mi alma: cómo solía ir a la casa de Dios bajo la protección del Todopoderoso, con gritos de alegría y alabanza entre la multitud festiva". (Salmo 42:4)* Por lo tanto, tomamos la decisión y el compromiso de crecer en nuestra fe y seguir con fuerza a Dios una vez más. Experimentar la fe próspera que queremos para nosotros mismos.

Nuestra esperanza y oración es que tomen estos próximos treinta días con la **Devoción de Profundizando** y sean decididos a seguir a Dios con fuerza a través de estas reflexiones. Cada día tiene un pasaje que ayudará al lector a recordar la fidelidad y la bondad de Dios. La **Gran Idea** para esa reflexión y pasaje que da el punto principal o principio permanente. Una *reflexión ampliada* en la sección **Insight**. Junto con secciones diarias de **Desafío** y **Oración** para solidificar la reflexión y el crecimiento de esa devoción respectiva. Además, cada devocional incluye una sección *"Profundizando"* que presenta a algún escritor, comentarista o referencia ampliada para el pasaje o las ideas del día.

Esperamos que usted use y disfrute fielmente la **Devoción Profundizando.**

__En dedicatoria:__ Escrito y dedicado a Rosetta Gervasi. Un espíritu verdaderamente amable y generoso que abrazó la Cruz completamente en una habitación de la UCI antes de ser llamado a casa. ¡Te echamos mucho de menos! Esperamos con ansias el día en que nos volvamos a ver...

Profundizando
Un devocional de 30 días
por Frank y Samuel Gervasi

Tabla de contenido:

5 – Introducción

7 – Dedicatoria/Agradecimientos

9 - Tabla de contenidos

11 - *Día 1* - Coronación del Rey

15 - *Día 2* - La membresía de la iglesia no es un club de campo

19 - *Día 3* - Beneficios de una Fe Fuerte

23 - *Día 4* - Orar como un discípulo

27 - *Día 5* - Confía y Obedece

31 - *Día 6* - El perdón no es opcional

35 - *Día 7* - Oración Duradera

39 - *Día 8* - Ojo en el cielo

43 - *Día 9* - Gracia en Acción

47 - *Día 10* - Aprendiendo a hablar sabiamente

51 - *Día 11* – Confianza en Dios

55 - *Día 12* - El libro útil de Dios

59 - *Día 13* - Sígueme

63 - *Día 14* - Haciendo lo mejor que puedes

67 - *Día 15* - Tiempo para todo

71 - *Día 16* - Un rey caído en desgracia

75 - *Día 17* - Beneficios de un Espíritu Agradecido

79 - *Día 18* - Palabra a los Sabios

83 - *Día 19* - Sumisión Bíblica del Hogar

87 - *Día 20* - Dejar ir

91 - *Día 21* - Los esposos que lideran en el amor

95 - *Día 22* - La Parte de los Niños

99 - *Día 23* - Promesas 1

103 - *Día 24* - Promesas 2

107 - *Día 25* - Monumentos conmemorativos en contexto

111 - *Día 26* - Un Compromiso Propio

115- *Día 27* - En Foco

119 - *Día 28* - Recoge tu esterilla

123 - *Día 29* - Las semillas que estamos plantando

127 - *Día 30* - ¿Quién está en el espejo?

#1 - Coronación del Rey
Leer: Lucas *19:35-40*

"Les digo que Él respondió: 'Si callan, las piedras gritarán'". **Lucas 19:40**

Todos los días, cuando el sol sale sobre Washington, D.C., la luz cae primero en el lado este de la estructura más alta de la ciudad, el Monumento a Washington de 555 pies. La primera parte de este monumento histórico es para reflejar el sol naciente en el lado oriental de su piedra angular de aluminio, donde se ven las palabras en latín inscritas, *Laus Deo,* que cuando se traducen al español dicen: *"Alabado sea Dios".*

La alabanza es uno de los temas más discutidos en las Escrituras. De hecho, nuestra lectura de hoy probablemente muestra uno de los más grandes momentos de adoración que Cristo experimenta en este lado del cielo. En nuestro paso, vemos a la gente exaltar a Cristo como Rey mientras cabalga triunfalmente hacia Jerusalén y le da la adoración que se merece. *1*

Gran idea: Siempre esté preparado para adorar a Jesús, y honrarlo, como el único rey verdadero.

John MacArthur llama a este pasaje *"la Coronación del Rey"2* y hace referencia a él como la última aparición pública de Cristo antes de Su crucifixión. Lo cual creo que es un título apropiado para este pasaje, porque suena más majestuoso, como una ceremonia para la realeza. Y esta es exactamente la razón por la que la gente de Jerusalén está adorando con tanta alegría. En el versículo 37 dice: *"Cuando se acercó al lugar donde el camino baja del monte de los Olivos, toda la*

Profundizando – Un Devocional de 30 Días

multitud de los discípulos comenzó a alabar a Dios en gran voz por todos los milagros que habían visto". ¡Por fin había llegado el momento!

Considere cómo habían estado escuchando acerca de la venida del Mesías durante tantos años a lo largo de las lecturas del Antiguo Testamento en las diversas sinagogas. ¡Semana tras semana! ¡Año tras año! ¡Lectura tras lectura! Se habían dado cuenta de algo importante: que Jesús era el único Rey verdadero, digno de nuestra adoración y obediencia. Y nosotros también necesitamos entender esto porque la forma en que vemos a Cristo y lo adoramos puede marcar la diferencia.

———————————

Perspicacia: El hecho de que Cristo sea Rey debería significar que una persona adora a Cristo con reverencia. Sin embargo, también significa que después de someter nuestra vida a Él, vivimos de maneras que son consistentes con Sus enseñanzas.

———————————

La multitud entendió que esto era un gran problema para estas personas y que el tiempo había llegado. ¡Lo adoran con todo su corazón!

———————————

Desafío: ¿Cuál es mi mentalidad general hacia los elogios? ¿Es como en el pasaje? ¿Cómo puedo mejorar mi perspectiva sobre los elogios?

Orar: Pedirle a Dios que nos ayude a tener la misma mentalidad...

———————————

Profundizando:

En este pasaje, puedes notar que Jesús entra en Jerusalén en lo que algunos Evangelios describen como un *"burro".* Sin embargo, Mateo incluye la palabra *"potro",* lo que significa que este burro nunca antes había sido montado. Este burro era uno que se suponía que era para el Mesías venidero. Cuando Cristo hizo esto, estaba cumpliendo la profecía que se encuentra en Zacarías 9:9, donde dice: *"¡Alégrate mucho, hija de Sión! ¡Grita, hija Jerusalén! Mira, Tú Rey viene a ti, justo y victorioso, humilde y montado en un asno, en un pollino, hijo de un asno".* **3**

———————————

Devoción escrito por el Pastor Frank y Samuel Gervasi

Profundizando – Un Devocional de 30 Días

---

1. Wikipedia, https://en.wikipedia.org/wiki/Washington_Monument, consultado el 11/03/2024.

2. Gracia a ti, https://www.gty.org/library/sermons-library/81-42/the-humble-coronation-of-king-jesus, consultado el 11/03/2024.

3. Nueva Biblia Internacional, Santa Biblia, Nueva Versión Internacional®, NVI® Copyright ©1973, 1978, 1984, 2011 por Biblica, Inc. ® Usado con permiso. Todos los derechos reservados en todo el mundo.

Profundizando – Un Devocional de 30 Días

Profundizando – Un Devocional de 30 Días

#2 - La membresía no es un club de campo
Leer: *Efesios 2:19-22*

"Por tanto, ya no sois extranjeros ni advenedizos, sino conciudadanos del pueblo de Dios y también miembros de su casa". **Efesios 2:19**

Algunos han dicho que la membresía de la iglesia es una herramienta muy valiosa para crecer en la fe. Sin embargo, realmente ha sido un tema mal entendido en muchas iglesias y creyentes en todo el país. De hecho, recientemente se informó que la membresía de la iglesia ha disminuido un 19% en los últimos dieciséis años. Lo cual es realmente un gran número que tiene ramificaciones para la madurez espiritual de muchas personas, incluidas las que no formaron parte de esta investigación.

Gran idea: *Los cristianos se convierten en parte de una familia más grande, y los creyentes están creciendo y convirtiéndose en un Santo Templo donde mora el Espíritu de Dios.*

El apóstol Pablo, al dirigirse a la iglesia en Éfeso, no necesariamente estaba corrigiendo ningún comportamiento malo o erróneo, ni problemas interpersonales con nadie. Más bien, estaba dando, en parte, un modelo sólido para el tipo de relaciones que deberían existir después de que una persona se convierte en un seguidor de Cristo. En el versículo 19 describe a los que son "miembros de la familia de Cristo". Aunque puede que se haya estado refiriendo a que los gentiles están incluidos en la familia de Dios, también está diciendo que somos *"parte de una familia con Cristo como cabeza".* 2 (versículo 20.)

Perspectiva: *La membresía es una herramienta que Dios usa para convertir a cada miembro en una familia. Edificado sobre los principios de los Apóstoles con Cristo como la Piedra Angular Principal. La membresía es un pacto entre creyentes individuales y una iglesia local de compromiso, donde los individuos y las iglesias se convierten en un lugar donde mora el Espíritu de Cristo.*

Profundizando – Un Devocional de 30 Días

Muchas veces, la gente piensa que ser miembro de la Iglesia no está en la Biblia. Sin embargo, el concepto está entretejido a través del Nuevo Testamento y es una de las herramientas más importantes que Dios utiliza para hacernos crecer a nosotros y a su iglesia. Ahora bien, la palabra en sí misma (membresía) no se encuentra muchas veces en esa forma. Sin embargo, solo en el libro de los Hechos, aproximadamente el 82% de los pasajes relacionados con convertirse en cristiano se refieren al cuerpo local de creyentes y NO a la Iglesia Cristiana Universal. Hay aproximadamente 17 referencias de dónde se agregó una persona a la iglesia. Alrededor de 14 de los 17 están dando una imagen de creyentes que se convierten en parte de una congregación local. Eso sin contar las epístolas en las que el concepto también se está modelando en el contexto de la iglesia local. Obviamente, muestra la importancia de estar conectados unos con otros a través de un cuerpo local de creyentes.

Las relaciones familiares siempre están creciendo y cambiando con el tiempo. Sin embargo, al final, nos convertimos en un lugar donde el Espíritu de Cristo puede morar. El versículo 29 dice que *"vamos a ser un templo santo para el Señor"*. 1

__Desafío:__ ¿Qué mentalidades se interponen en el camino de ser un buen miembro de mi iglesia local? ¿De qué maneras puedo crecer en las áreas a las que sirvo? ¿De qué maneras podría impedir que el Espíritu de Dios habitara en mí?

__Oración:__ Pedirle a Dios que haga de mi vida un lugar donde Su Espíritu quiera morar...

__Profundizando:__

Miembro, a pesar de que la palabra griega no se encuentra en el Nuevo Testamento. El concepto de la misma es una palabra importante. En el Antiguo Testamento puede que no fuera tan imperativo porque la vida judía se centraba en la sinagoga. Estudiaron, fueron a la escuela, sirvieron y fueron instruidos en la Torá. Por lo tanto, la idea de comunidad era casi esperada y simplemente asumida. Sin embargo, en el Nuevo Testamento el concepto de membresía se volvió muy importante porque la iglesia era un concepto nuevo. Así como el conflicto que surgió entre los judíos ortodoxos y la Iglesia cristiana. De hecho, algunas de *las "veces que se usa la palabra en el Nuevo Testamento se refiere a*

Profundizando – Un Devocional de 30 Días

los órganos de un cuerpo, así como a una parte del todo". (J. Knox, Diccionario de la Biblia para intérpretes, Abington Press, copyright 1962.) Especialmente en lugares como Mateo 5:29, Romanos 6:13, Romanos 7:23, Romanos 12:4 y 1 Corintios 12:12-27. Lo cual es importante porque Cristo vio a la iglesia como miembros de un cuerpo intrincadamente conectado a Él. *La membresía es un pacto entre creyentes individuales y una iglesia local de compromiso, donde los individuos y las iglesias se convierten en un lugar donde mora el Espíritu de Cristo.* **número arábigo**

Devoción escrita por el Pastor Frank y Samuel Gervasi

---

1. Nueva Versión Internacional (NVI), Santa Biblia, Nueva Versión Internacional®, NVI® Copyright ©1973, 1978, 1984, 2011 por Biblica, Inc. ® Usado con permiso. Todos los derechos reservados en todo el mundo.
2. J. Knox, Diccionario de la Biblia para intérpretes, Abington Press, copyright 1962.

#3 - Beneficios de una Fe Fuerte
Leer: *Juan 4:46-54*

_____

*"El oficial real dijo: 'Señor, baje antes de que muera mi hijo'. Jesús le respondió: "Ve, tu hijo vivirá.Juan **4:49-50***

_____

El diccionario define la fe como: *"la capacidad de confiar en el valor o la habilidad de alguien o algo".* **1** Sin embargo, realmente es una gran definición a pesar de que es secular. Porque también se relaciona con asuntos de fe. Tanto en los conceptos de la creencia en Dios --- *Sí mismo*, como en la creencia en lo que las Escrituras nos dicen. Ahora, en el caso de tener confianza en Dios, una persona necesita aceptar quién dice ser él, *plena y completamente.* Además, aunque también es cierto porque una persona tiene que creer completamente cómo la Biblia nos ordena, anima y exhorta a vivir. Sin embargo, *a veces no es tan fácil de hacer, ¿verdad?* Especialmente cuando piensas en todas las variables que entran en juego con la vida a veces. Sin embargo, la fe es un ingrediente clave necesario para el máximo crecimiento, independientemente de cuánto tiempo una persona haya estado caminando con Cristo.

_____

Gran idea: *La fe es necesaria para todas las estaciones de la vida de un seguidor de Cristo si quieren experimentar lo mejor de Dios en la vida.*

_____

La fe en *Dios* **y** en sus *habilidades* es necesaria para **toda** la vida cristiana, desde el principio hasta el fin. Tanto para *los jóvenes* como para *los viejos*, los *pequeños* como *los grandes*, desde los recién salvos hasta los que han estado siguiendo a Cristo durante varios años. Así como, desde la *cosa más pequeña*, ---hasta la *cosa más grande*, realmente necesitamos a Dios para todo.

Profundizando – Un Devocional de 30 Días

Si nos fijamos en el contexto del pasaje, fue simplemente para la curación del hijo del Oficial Real. A pesar de que no nos dice *cuál* era la enfermedad, definitivamente fue un *problema grave* porque dice que estaba *"cerca de la muerte". (vers.47.)*

Y lo que está claro es que el funcionario creía **plenamente** que Jesús podía hacer lo milagroso en la vida de su hijo. Porque el versículo 47 dice: *"Fue y rogó"* **2** a Cristo por sanidad. Ahora, podría haber sido por *desesperación*, pero lo más probable es que fuera porque había escuchado y tal vez incluso visto de segunda mano todo lo que Cristo había estado haciendo. Los milagros realizados, la enseñanza con autoridad, e incluso desafiar las creencias de larga data de los líderes de ese día y de esa cultura.

Perspicacia: **La creencia es realmente necesaria para todas las necesidades en la vida cristiana. Si tienes una necesidad, <u>confía plenamente en</u> que Dios puede hacer lo que sea necesario por ti. Ya sea que se trate de un problema menor en una relación, se enfrente a una decisión importante o esté en el extremo receptor de un susto de salud importante.**

Aunque *a Dios* le importa *todo*, la *primera preocupación de Cristo* es el alma de una persona. Considere eso, porque a Él no le importa más su *salud* que su destino final. A él no le importan tus riquezas más que tu alma. ¡Y a Él tampoco le importan tus *relaciones* más que el lugar en la eternidad! Lo que más le *importa* a Jesús es si has llegado a un lugar de arrepentimiento y si has recibido el perdón que viene de abrazar la Cruz. (Juan 3:16.)

En el versículo 48 dice : *"Si Jesús no ve señales y prodigios, no creerá jamás".* **2** Aunque Cristo no dice eso específicamente, a eso se se refería. Porque las *señales y maravillas* que la gente veía, eran simplemente las señales de que Él era el Hijo de Dios, que iba a venir al Mundo. El Reino de Dios finalmente había llegado.

Elizabeth Elliott, la esposa del misionero que fue asesinada por los indios Auca a los que su esposo llevaba el Evangelio, dijo lo siguiente sobre la creencia: *"Si crees en un Dios que controla las cosas grandes, debes creer en Dios que controla las cosas pequeñas. Por supuesto, somos nosotros para quienes las cosas parecen pequeñas o grandes".* **3**

Profundizando – Un Devocional de 30 Días

Desafío: ¿Cuál es mi nivel de fe actualmente? ¿Sigo creyendo en Dios completamente en Su palabra, o no? ¿Cómo puedo seguir creciendo en la fe?

Oración: Pedirle a Dios que amplíe mi fe en Él, para que pueda experimentarlo de una manera más grande....

_____

Profundizando:

También hay otra razón que demuestra que el Oficial Real tenía una gran fe. Y es que se decía que había trabajado para Herodes Antipas, el hijo de Herodes el Grande. Aunque eso no parezca significativo.¡Realmente lo es! Porque lo más probable es _que no_ **le gustara** mucho Cristo ---siendo criado en torno a todos esos _celos y animosidad_ hacia Cristo. De hecho, Pilato envió a Cristo de vuelta a Antipas, y fue objeto de burlas y de un lado a otro. Por lo tanto, el funcionario real que estaba pidiendo un milagro estaba acostumbrado a escuchar nada más que comentarios negativos sobre Jesús. ¡Todo eso para decir, que él estaba mostrando una gran creencia en quién Cristo estaba diciendo que Él era! La **_Biblia de Estudio NVI_** añade: _"a menos que veáis señales y prodigios, no creeréis". Era la actitud general de los galileos, no la del funcionario"._ **4**

_____

Devoción escrita por el Pastor Frank y Samuel Gervasi

_____

1.   Diccionario Webster, Merriam-Webster, Inc, 2016
2.   Nueva Versión Internacional (NVI), Santa Biblia, Nueva Versión Internacional®, NVI® Copyright ©1973, 1978, 1984, 2011 por Biblica, Inc. ® Usado con permiso. Todos los derechos reservados en todo el mundo.
3.   Piloto de la jungla, Russel Hilt, Discovery House Publishers, 1997
4.   Biblia de estudio NVI, BibleGatewayPlus, Biblegateway.com, consultado el 20/03/2025

Profundizando – Un Devocional de 30 Días

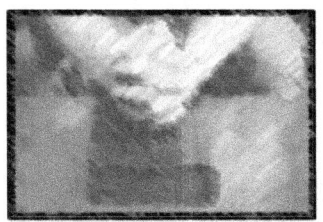

#4 - Orar como un discípulo
Leer: Lucas *11:1-4*

___

"Un día Jesús estaba orando en cierto lugar. Cuando terminó, uno de sus discípulos le dijo: 'Señor, enséñanos a orar, como Juan enseñó a sus discípulos'". **Lucas 11:1**

___

¡Nuestra vida de oración es probablemente una de las cosas más importantes que podemos hacer! Eso es cierto porque es una de las disciplinas más *básicas* para el cristiano, y todo seguidor necesita hacerlo. Pero la oración puede ser un tema que también es un tema incomprendido y *poco enseñado* en algunas iglesias. Además, no importa cuánto tiempo hayas sido cristiano porque nadie parece graduarse de la necesidad de la oración. Cristo mismo se dio cuenta de la importancia de ello y oraba a menudo. La oración es lo que hace que nuestra fe sea real. Nos lleva del mero conocimiento de la cabeza a vivir la fe cristiana. Algunas personas oran a menudo, y durante largos períodos de tiempo, pero para otras, son oraciones pequeñas, cortas y de una sola línea, a medida que avanzan en su día. Sin embargo, ambos tipos de personas entienden la importancia de orar regularmente.

___

Gran Idea: *La Oración Es Crítica y Debe Ser Inspiradora Cuando Se Ora Como Un Verdadero Discípulo*

___

El pasaje que estamos estudiando hoy es entre un encuentro entre Jesús y sus discípulos con respecto a la oración. Todos habían sido influenciados y habían experimentado a Jesús orando diariamente y de diversas maneras y con diversas peticiones. (vers. 1.) Entonces, después de terminar un día, sus discípulos piden que se les enseñe acerca de la oración. (v.1.) También habían experimentado a Juan el Bautista orar, así como enseñar a sus propios seguidores. Debe haber habido algo convincente en ver a Jesús orar, o probablemente no lo habrían

Profundizando – Un Devocional de 30 Días

preguntado. Si lo piensas: crecieron yendo a la sinagoga, por lo que habían visto a la gente rezar a menudo. Es decir, no les era ajeno. De hecho, probablemente habían sido acostumbrados a oraciones largas y elevadas.

———

Perspectiva: *Considere tener una vida de oración que otros quieran emular. Es probablemente una de las cosas más alentadoras que muestra nuestra vida de oración, cuando se hace correctamente, puede inspirar a otros y ser contagiosa.*

———

Una de las oraciones más populares de las Escrituras es lo que se conoce como el Padre Nuestro. Que es exactamente lo que Cristo escogió enseñar a sus discípulos cuando se le pidió que se les enseñara como se les enseñó a los discípulos de Juan el Bautista. (vers. 2.) *Sin embargo,* dar un modelo o estándar para la oración en oposición a la oración real es textual. En el versículo 2 dice: *"Padre, santificado sea tu nombre"*1 , mostrando que debemos recordar ante quién venimos cuando oramos. *"Venga tu reino",* lo que implica que deberíamos anhelar que el reino de Dios se realice aquí en la Tierra durante nuestra vida. Y la oración también debe ser para la provisión diaria en la vida, (v.3), cuando dice: *"El pan nuestro de cada día, dánoslo hoy".* Así como el perdón cuando fallamos, o cuando otros nos fallan. En el versículo 4 dice: *"Perdónanos nuestros pecados, porque también nosotros perdonamos a todos los que nos ofenden".* *1* Además de orar para fortalecerse contra la tentación de la vida (v. 4.)

A mí me enseñaron la misma oración a una edad temprana. Siempre supe las palabras, pero parecía que faltaba algo en la recitación del Padre Nuestro. El patrón real que estaba detrás de esto parecía ser reemplazado por la repetición de las palabras solamente.

John Bradford, el reformador inglés, prebendado de San Pablo y mártir, dijo que, cuando estaba en oración, nunca le gustaba levantarse de sus rodillas hasta que comenzó a sentir algo de quebrantamiento en el corazón. *"Sube a tu aposento, pues,........si quieres tener un espíritu quebrantado y contrito y no salir hasta que lo tengas". número arábigo*

———

Desafío: *¿Cómo es mi vida de oración actualmente? ¿Paso tiempo regular delante del trono de Dios, o no? ¿Cómo puedo seguir creciendo en la oración?*

Profundizando – Un Devocional de 30 Días

Orar: _Pedirle a Dios que amplíe mi vida de oración, para que pueda experimentarlo de una manera fresca...._

Profundizando:

El término griego padre, tal como se usa en el Nuevo Testamento, es uno entendido por la audiencia a la que Lucas estaba llegando inicialmente. Sin embargo, el término Abba era probablemente más conocido. Abba era de origen arameo y se decía que era un término de cariño y cercanía. Por lo tanto, para que Jesús lo use, puede haber estado diciendo que podemos venir libremente y abandonarnos ante Dios el Padre cuando traemos nuestras peticiones. Incluso el **_Comentario Ilustrado de Antecedentes Bíblicos del Nuevo Testamento de Zondervan_** dice que: _"Aunque se ha dicho comúnmente que Abba es un término de niños que significa "papá", esto no es del todo correcto, ya que los adultos judíos también se dirigían a sus padres de esta manera. Abba era, sin embargo, un término de considerable intimidad. Si bien los judíos a veces se referían a Dios como "nuestro Padre celestial", rara vez o nunca se dirigían a él como "mi padre" o "padre" (Abba). Jesús llama a sus seguidores a una nueva intimidad con Dios a través de su relación única con el Padre"._ **3**

Devoción escrito por el Pastor Frank y Samuel Gervasi

1. Nueva Versión Internacional (NVI), Santa Biblia, ® Copyright ©1973, 1978, 1984, 2011 por Biblica, Inc. ® Usado con permiso. Todos los derechos reservados en todo el mundo.
2. Sermon Central Contributor, www.sermoncentral.com, consultado el 20/03/2025
3. Zondervan Trasfondo Ilustrado de la Biblia Comentario del Nuevo Testamento, Copyright © 2002

Profundizando – Un Devocional de 30 Días

Profundizando – Un Devocional de 30 Días

#5 - Confía y obedece
Lea: *Génesis 22:1-18*

"Entonces, Abraham llamó a ese lugar El Señor proveerá. Y hasta el día de hoy se dice: 'En el monte del Señor se proveerá'". **Génesis 22:14**

A veces, la obediencia es costosa y desafía la lógica. Durante el asedio prusiano de París a finales del siglo XIX, había un artillero en uno de los fuertes franceses llamado Pierre Barlot. Un día, Pierre estaba de pie junto a su arma cuando el general Noel, su comandante, le dijo: *"Artillero, ¿ves el puente de Sèvres allí?"* — *Sí, señor. —¿Y esa pequeña choza en medio de un matorral a la izquierda del puente? —Lo veo, señor* — dijo Pierre—. *—Está lleno de prusianos, creo; Pruébalo con una concha".* Pierre se puso fantasmalmente pálido. Apuntó su cañón con cuidado, luego lo disparó y voló la cabaña en pedazos. El comandante Noel elogió a Pierre por su puntería, pero se sorprendió al ver una sola lágrima corriendo por la mejilla del artillero. *—¿Qué te pasa, tío? — Perdóneme, general* — dijo Pierre—, *era mi casa, todo lo que tenía en el mundo.*

1

Gran Idea: *La fe en Dios, probada por la obediencia deliberada y completa, siempre será compensada a su debido tiempo.*

Dios le ordenó a Abraham que mostrara una profundidad de fe similar en lo que algunos han llamado el "examen final" de Abraham. No hubo suavización del golpe cuando Dios le habló a Abraham claramente en los versículos 2-3: *"Toma a tu hijo, a tu único hijo, a quien amas, a Isaac, y... sacrificarlo allí como holocausto'".*

No olvidemos cómo todo lo que Dios le había prometido a Abraham sobre sus descendientes se iba a cumplir a través de Isaac. Isaac fue en sí mismo un

Profundizando – Un Devocional de 30 Días

milagro, considerando la edad a la que Abraham y su esposa Sara lo dieron a luz. Entonces Dios le está pidiendo a Abraham que sacrifique al niño que fue el cumplimiento mismo de Su promesa años antes.

Esto no suena, en nuestros días, como un buen consejo paternal. De hecho, es posible que reciba una visita de los Servicios Familiares para la crianza de los hijos como esta. Y, sin embargo, Abraham responde con una obediencia deliberada, decisiva y completa. Nótese que Abraham se levantó "de madrugada a la mañana siguiente" (v. 3). Abraham no dudó en retrasar lo que Dios le dijo, fue rápido y decisivo para confiar y obedecer desde el momento en que Dios le dijo que sacrificara a Isaac, ¡su propio hijo!

Perspicacia: *La fe y la obediencia son inseparables: uno no puede pretender creer en la palabra de Dios si no está dispuesto a hacer lo que Dios ha dicho. Cuando decimos que tenemos fe en Dios, debemos obedecer Sus mandamientos.*

Además, Abraham es probado por su fe en este pasaje. Él cree en Dios en Su Palabra y confía plenamente en Él, y, en respuesta, Dios recompensa a Abraham por su fe. Primero, Dios provee una salida a la difícil situación al proveer un carnero en un matorral *"atrapado por sus cuernos"* (v. 13) para ser sacrificado en el lugar de Isaac. En el último momento, cuando Abraham está a punto de llevar a cabo lo inimaginable, Dios proporciona una salida.

Finalmente, Dios mismo recompensa la fidelidad de Abraham renovando el pacto en los versículos 16-18: *"Juro por mí mismo, dice Jehová, que porque has hecho esto y no has hecho.*
retuvo a tu hijo, a tu único hijo, ciertamente te bendeciré y haré que tu descendencia sea tan numerosa como las estrellas en el cielo… y por medio de tu descendencia serán benditas todas las naciones de la tierra, porque me has obedecido."'

Es posible que Dios nunca nos pida que confiemos en Él para algo tan grande. Pero sí nos pide a todos, en varios momentos, que confiemos en Él para algo. Y la fe completa, probada por la obediencia, siempre será recompensada a su debido tiempo.

Profundizando – Un Devocional de 30 Días

Desafío: ¿ Con qué me está pidiendo Dios que tenga fe? ¿Cómo puedo crecer en confianza y ¿Obedecer a Dios?

Oración: Pedirle a Dios que me ayude a confiar en Él sin importar las circunstancias y a obedecer plenamente sin importar cuán difícil sea.

———————————

Profundizando:

En Hebreos 11, el Salón de la Fe, Abraham es uno de los elogiados por su fe en los versículos 17-19: *"Por la fe Abraham, cuando fue probado, ofreció a Isaac; y el que recibió las promesas ofrecía a su Hijo unigénito; a él se le dijo: 'En Isaac será llamada tu descendencia'. El que consideró que Dios es poderoso para resucitar a los hombres incluso de entre los muertos".*

La **Biblia de Estudio NVI** dice con respecto a estos versículos:
"Si tienes miedo de confiarle a Dios tu posesión, sueño o persona más preciada, presta atención al ejemplo de Abraham. Debido a que Abraham estaba dispuesto a renunciar a todo por Dios, recibió de vuelta más de lo que podría haber imaginado". **número arábigo**

———————————

Devoción escrito por el Pastor Frank y Samuel Gervasi

———————————

1. Ministry127, https://ministry127.com/resources/illustration/the-cost-of-obedience, consultado el 25/08/2024.
2. Biblia de estudio de aplicación a la vida NVI de Zondervan. Ronald A Beers, gen. ed. Zondervan. Derechos de autor 2011

Profundizando – Un Devocional de 30 Días

Profundizando – Un Devocional de 30 Días

#6 - El perdón no es opcional
Lea: Mateo *18:21-35*

"Entonces Pedro se acercó a Jesús y le preguntó: 'Señor, ¿cuántas veces perdonaré a mi hermano o hermana que peca contra mí? ¿Hasta siete veces?'".
Mateo 18:21

Justo antes de la Pascua de 2009, Fred Winters, pastor de la Primera Iglesia Bautista en Maryville, Illinois, fue asesinado a tiros durante un servicio dominical por la mañana por un joven perturbado. La tragedia conmocionó a la iglesia y a la familia del pastor, pero no destruyó su fe. A la semana siguiente, la recién viuda Cindy Winters fue entrevistada en un noticiero nacional. Cuando se le preguntó sobre el asesino de su esposo, dijo: *"No tengo ningún odio ni resentimientos hacia él. Hemos estado rezando por él". 1* Es posible que nunca tengamos que perdonar a alguien por algo tan trágico, pero ***TODOS*** estamos llamados a perdonar en un momento u otro.

Gran idea: *El perdón no es opcional y costoso y requerirá algo de nosotros para perdonar a los demás cuando nos han lastimado.*

En el pasaje bíblico de hoy vemos una parábola en la que Pedro le hace a Jesús una pregunta importante sobre el perdón. *"Entonces Pedro se acercó a Jesús y le preguntó: 'Señor, ¿cuántas veces perdonaré a mi hermano o hermana que peca contra mí? ¿Hasta siete veces?'".* (vers. 21.) Aunque parezca una pregunta sencilla, puede haber tenido sus raíces en lo que se enseñaba durante esos tiempos. La principal enseñanza sobre el tema por parte de los líderes judíos de ese día era tradicionalmente que hasta tres veces una persona debía ser perdonada para cumplir con la Ley Mosaica.

Profundizando – Un Devocional de 30 Días

Por lo tanto, el hecho de que Pedro preguntara hasta siete veces puede haber sido una forma de parecer *ultra espiritual* ante su mentor. Sin embargo, Jesús eleva el listón para sus seguidores al dar un número tan grande. En el versículo 22 dice que *"Jesús respondió: 'No te lo digo siete veces, sino setenta y siete veces'".* Que era un número aún mayor de lo que muchos estaban acostumbrados a escuchar. Lo que implica que Dios no quiere que llevemos un registro de la frecuencia con la que perdonamos a los demás.

Además, otro aspecto con respecto al perdón es que generalmente nos costará algo cuando una persona toma la decisión de perdonar una ofensa. Ya sea que se trate solo del costo financiero de una deuda real o de una deuda emocional por ser herido.

En la parábola, Jesús habla de un rey que quería saldar la cuenta de un siervo que le debía unos veinte años de salario de jornalero y no podía pagarlo (versículos 23-24). Sin embargo, cuando el siervo no pudo pagar la deuda y le rogó al rey que perdonara la deuda, fue liberado. (vers. 25.)

———

Perspectiva: *El perdón le costará algo a una persona y debemos corresponder a los demás como nuestro Padre celestial nos perdona, evitando la hipocresía...*

———

Cuando el siervo se encontraba en una situación similar, por una cantidad aún menor, no perdonaba a la persona que le debía. Luego, fue y lo echó en la cárcel hasta que la deuda pudiera ser pagada, versículos 28-30. *"Pero cuando aquel siervo salió, encontró a uno de sus consiervos que le debía cien monedas de plata...... "¡Paga lo que me debes!", exigió. "Pero él se negó. En vez de eso, se fue y mandó al hombre a la cárcel hasta que pagara la deuda"* (v. 28, 30). Jesús pagó el precio de nuestro perdón con el alto precio de la muerte en una cruz. ¡También debemos corresponder y perdonar a los demás! Hay un dicho que vi una vez, que dice: *"Lo que distingue a los cristianos del mundo es la obligación y la compulsión de perdonar".* (Desconocido)

———

Desafío: *¿A quién debo perdonar por una ofensa? ¿Estoy llevando la cuenta cuando alguien me hace daño?*

Orar: *Pedirle a Dios que nos ayude a perdonar sin importar las circunstancias y sin importar cuántas veces hayamos sido lastimados.*

Profundizando:

En el *Talmud,* que era la enseñanza rabínica central del judaísmo, instruía que las personas debían perdonar hasta tres veces. Sin embargo, después de eso ya no había obligación de perdonar a otra persona. Al menos en lo que se requería para obedecer la Ley mosaica.

La **Biblia de Estudio de la Gracia y la Verdad** dice: *"Dentro del judaísmo, perdonar a alguien tres veces era suficiente para mostrar un espíritu de perdón (Job 33:29-30; Am 1:3.) La sugerencia de Pedro siete veces muestra generosidad. La respuesta de Jesús no se refiere a un número específico, sino que es una instrucción para perdonar sin llevar la cuenta. Lo ilustra con una parábola en la que un siervo le debe a su rey una deuda incalculable, al menos 2.500 millones de dólares en términos actuales. La cuestión es la inmensidad de la deuda y la imposibilidad de pagarla. El rey ordena que el siervo y todo lo que tiene sean vendidos como esclavos del deudor, una práctica común en el mundo antiguo que fue diseñada como un castigo y como un medio para pagar (cf. 2Re 4:1; Neh 5:4–8)."* **2** Además, algunas versiones de la Biblia dicen setenta y siete veces, que es un número grande, incluso mucho más generoso que las siete veces que Pedro sugirió. Sin embargo, algunos manuscritos sugieren que fue setenta veces siete, que es cuatrocientas noventa veces.

Devoción escrito por el Pastor Frank y Samuel Gervasi

---

1. Ministry127, https://ministry127.com/resources/illustrations/forgiveness, consultado el 20/03/2025.
2. Biblia de Estudio de Gracia y Verdad NVI, Copyright © 2021 por Zondervan, 2011, BibleGatewayPlus, , www.biblegateway.com, consultado el 20/03/2025.

Profundizando – Un Devocional de 30 Días

#7 - Oración Duradera
Leer: Lucas *18:1-8*

"Pedid y se os dará; Buscad y encontraréis; Llamad y se os abrirá la puerta'".
Mateo 7:7

Un pescador estaba en el mar con sus compañeros impíos cuando se desató una tormenta y amenazó con hundir su barco. Sus amigos le rogaron que rezara; pero él dijo: *"Ha pasado mucho tiempo desde que hice eso o incluso entré a una iglesia".* Sin embargo, ante su insistencia, finalmente exclamó: *"¡Oh Señor, no te he pedido nada en 15 años, y si nos ayudas ahora y nos llevas a salvo a tierra, te prometo que no volveré a molestarte durante otros 15!"* Desafortunadamente, muchas personas ven la oración como un mecanismo de escape en lugar de una línea constante de comunicación con Dios. *1* La oración es necesaria para nuestra relación con Dios. Sin embargo, cuando la respuesta tarda en llegar, debemos seguir orando.

Gran idea: *Debemos ser persistentes en la oración y nunca darnos por vencidos, incluso cuando la solicitud tarda mucho en ser respondida*

El pasaje que estamos viendo es del Evangelio de Lucas. Y en él, Jesús estaba enseñando sobre la oración y cómo debemos perseverar en el tiempo cuando lo necesitemos. Por lo tanto, lo hace contando una parábola para demostrar su punto, que involucra a un juez injusto y una viuda. Por lo tanto, también hay muchas variables que entran en juego.

Primero, Jesús estaba enseñando una parábola a sus discípulos. Sin embargo, obviamente hablando a todas las personas que se llaman a sí mismas seguidores de Cristo y que leerían esto. Además, también sabemos que las parábolas son historias que se usan para enseñar la verdad espiritual. Así que tal

Profundizando – Un Devocional de 30 Días

vez sucedieron, tal vez no, pero realmente no importa de todos modos cuando se trata de aplicarlos a nuestras vidas.

Vimos que la historia contenía algunos personajes principales, como un juez, una viuda y un adversario sin nombre. (Vév. 1-3.) Leemos en el versículo 2: "Que había un cierto juez que ni temía a Dios ----ni se preocupaba por los hombres". Lo cual creo que dice mucho sobre la mentalidad de este juez porque realmente no parecía importarle lo que esta viuda necesitaba. Muy diferente a nuestro Dios porque Él es uno que se preocupa íntimamente por todo lo que nos concierne siempre.

Sin embargo, algo que creo que llama la atención es la petición de la viuda. Porque Lucas registra el término "adversario". El versículo 3 dice: "Y había una viuda en aquella ciudad que venía a él con la súplica: 'Concédeme justicia contra mi adversario'". Una versión usa la palabra "oponente" y esta es una palabra interesante porque en realidad lleva esta idea de un oponente como en una demanda legal. Lo que explica por qué acudía a un juez en primer lugar: para buscar justicia del juez injusto. (v.2) Sin embargo, el Juez no fue justo ni se preocupó por las personas en general. Entonces, ¿por qué este juez ayudaría a la ventana? A pesar de los detalles, accedió a su solicitud debido a su persistencia y tenacidad. (vers. 4-5) "Aunque no temo a Dios ni respeto a hombre, 5 sin embargo, porque esta viuda me molesta, le daré protección legal, de lo contrario, al venir continuamente, me agotará". Entonces, si el juez injusto concede justicia, ¿cuánto más escuchará Dios las oraciones de sus hijos? Dios anhela dar lo mejor para Sus hijos, por lo que debemos presentarnos libremente y con abandono ante Su trono.

Perspicacia: *Debemos orar con determinación y perseverancia porque nos mantiene enfocados en la necesidad, especialmente cuando la respuesta es larga.*

Ahora puede que no estemos en caso de necesitar un juez que decida un caso por nosotros, pero todos tenemos necesidades. Independientemente de lo que sea, por lo general se necesita perseverancia y sería prudente ser persistente en la oración. Hay un dicho que escuché una vez y dice así: "Debemos orar, luego orar más, y después de eso orar aún más". (Desconocido)

Desafío: *¿Soy persistente en la oración? ¿O me doy por vencido fácilmente cuando se trata de la oración?*

Profundizando – Un Devocional de 30 Días

Orar: Pedirle a Dios que nos dé la resistencia que necesitamos para orar a largo plazo cuando sea necesario.

_____

Profundizando:

Considere a la viuda de la parábola porque se decía que eran muy necesitadas en ese tiempo y cultura. Muy diferente a hoy en día porque las viudas son muy independientes y hacen muchas cosas por sí mismas. De hecho, hoy tenemos viudas que se cuidan a sí mismas y son independientes en muchos casos. Sin embargo, en ese día las viudas eran muy dependientes de otras, tal como en la parábola. Una fuente dice: *"La viuda era una persona indefensa que no tenía nada más que el derecho de su lado. Quería justicia, no venganza".* *(Biblia de Estudio de la Reforma ESV, Ligonier, 2015)* Además, **el Comentario Bíblico de The Expositor** dice: *"El tema es el de la vindicación del pueblo incomprendido y sufriente de Dios. El pueblo de Dios en los días del Antiguo Testamento necesitaba "esperar" en Dios mientras obraba justicia con aparente lentitud (ver Sal 25:2-3). En los últimos días, los mártires esperan la vindicación (Ap 6:9-11). Mientras tanto, luchamos con el problema del mal y con los problemas de la teodicea. En estas circunstancias debemos "orar siempre y no rendirnos".* **número arábigo**

_____

Devoción escrito por el Pastor Frank y Samuel Gervasi

_____

1.   Ministry127, https://ministry127.com/resources/illustrations/prayer, consultado el 20/03/2025
2.   Comentario bíblico del expositor (edición abreviada): Nuevo Testamento Copyright 2004., Bible Gateway Plus, www.biblegateway.com, consultado el 20/03/2025

Profundizando – Un Devocional de 30 Días

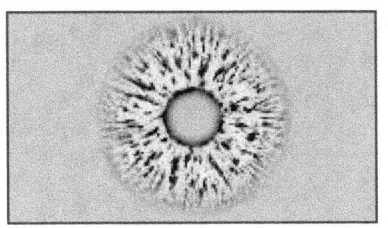

#8 – Ojo en el cielo
Leer: _Salmo 121_

_____

"El Señor guardará tu entrada y tu salida, ahora y para siempre". **Salmos 121:8**

_____

El salmón rey, también conocido como salmón Chinook, lleva una vida increíble. Después de pasar la mayor parte de su vida en el océano, el salmón Chinook se embarca en una migración de regreso a los mismos arroyos de agua dulce donde nacieron para poner sus propios huevos. Este viaje a menudo cubre varios miles de millas y requiere que el salmón nade contra la fuerte fuerza de la corriente. Sin embargo, cada año, se puede ver a miles de personas nadando en una caravana para regresar al lugar donde nacieron.

Los israelitas a menudo hacían un viaje igualmente difícil, aunque una distancia más corta. Cada año, los israelitas subían de todas sus ciudades y aldeas al templo de Jerusalén para las fiestas anuales. El camino era a menudo largo y difícil, y había peligros de inclemencias del tiempo, animales salvajes y bandidos en el camino. Durante este viaje, era costumbre que los viajeros cantaran una "canción de ascenso", uno de los 14 salmos especialmente diseñados para estos viajeros, incluido nuestro salmo de hoy.

_____

Gran idea: _El cuidado vigilante de Dios es confiable, hecho a medida y motivado por el amor._

_____

La dependencia del salmista de Dios durante este viaje es clara en los versículos 1-2: _"Levanto mis ojos al monte, ¿de dónde viene mi ayuda? Mi socorro viene del Señor, el Creador del cielo y de la tierra"._ Nótese que el salmista no depende de

Profundizando – Un Devocional de 30 Días

su propio conocimiento como fuente de fortaleza; no recurre al dinero ni deposita su confianza en un funcionario del gobierno. El escritor está confiado y convencido de que su ayuda proviene del Dios Vivo, el "...*Creador del cielo y de la tierra*". Vemos tres razones para su confianza. Por un lado, el salmista sabe que la ayuda de Dios es confiable, como vemos en el versículo 3: *"No dejará que tu pie resbale; el que te vigila no dormirá..."* Esta es una gran imagen, cuando lo piensas, porque la gente se cansa y se agota, y nuestros cuerpos están hechos para necesitar descansar. Pero Dios no está limitado por las mismas restricciones. Nunca se cansa ni se cansa (Isaías 40:28-31); ¡Su cuidado es confiable y nunca falta!_____

Perspicacia: *Cuando Dios está cuidando a una persona, Él proveerá exactamente lo que se necesita en la vida, porque nada está oculto a Su vista. Él conoce cada detalle de nuestras vidas; por lo tanto, podemos confiar en Su cuidado vigilante.*

_____

El salmista también reconoce que el cuidado de Dios está hecho a medida. En el versículo 5, el salmista hace la distinción de que, "*El Señor **vela por ti**...*Lo que implica que el cuidado de Dios es específico para nosotros y nuestras vidas.

Finalmente, el escritor confía en el cuidado de Dios porque está motivado por el amor. Mire de nuevo el versículo 8: *"El Señor guardará tu entrada y tu salida, ahora y para siempre"*. Escuché decir esto antes: "El cuidado de Dios por nosotros es más vigilante y más tierno de lo que cualquier padre humano podría ser... ¡Y **nada** puede cambiar Su amor por ti!" El amor de Dios nunca se debilita ni se desvanece y velará por nosotros para siempre. Muchas personas recurren a muchas cosas diferentes en busca de fuerza y consuelo en la vida. Algunos son válidos y tienen sentido, y otros no. Pero nosotros, como hijos de Dios, tenemos el mejor lugar al que acudir cuando la vida se pone difícil o nos encontramos en una situación confusa. El Dios del universo nos cuida íntimamente y tiene sus ojos puestos en nosotros.

_____

Desafío: ¿A dónde acudo cuando necesito ayuda? ¿Cómo puedo aprender a confiar en el cuidado de Dios en mi vida?

Orar: Pedirle a Dios que me ayude a confiar en la ayuda que Él me brinda y no confiar en mi propio entendimiento o fuerza...

_____

Profundizando – Un Devocional de 30 Días

Profundizando:

Muchos creen que este salmo fue escrito por el rey Ezequías, el 13º gobernante del reino del sur de Judá en el Antiguo Testamento. A lo largo de su reinado, Ezequías fue responsable de la reforma espiritual a nivel nacional, porque se habían convertido en un pueblo que se había vuelto apático hacia las cosas de Dios. El liderazgo de Ezequías provocó un avivamiento nacional, ya que el pueblo volvió a abrir las puertas del Templo y dejó a un lado a sus ídolos. Se decía que Ezequías tenía una relación cercana con Dios, lo cual creo que es evidente porque se puede decir que él confiaba completamente en la ayuda de Dios, ¡tal como deberíamos hacerlo nosotros!

El **Comentario del Conocimiento Bíblico** dice lo siguiente acerca de los cánticos de ascensión: *"El título 'canción de ascensión' identifica cada uno de los Salmos 120-134 como un cántico de peregrinación que se cantaba cuando los israelitas 'ascendían' (subían) a Jerusalén para las fiestas anuales. Cuatro de estos 15 salmos se atribuyen a David (Sal. 122; 124; 131; 133), 1 a Salomón (Sal. 127), y los otros 10 son anónimos. ... El salmista peregrino [en el Salmo 121], mientras contemplaba su viaje a través de las colinas hasta Jerusalén, preguntó de dónde venía su ayuda. Encontró la respuesta a su pregunta en la afirmación de su fe en que el Señor, que creó el cielo y la tierra, con esas colinas, era su única fuente de ayuda".* **1**

Devoción escrita por el Pastor Frank y Samuel Gervasi

---

1. Walvoord, John F. y Roy B. Zuck, Salmo 120,-A. Contemplación del viaje, The Bible Knowledge Commentary, SP Publications, Inc., 1985, pg. 882-883.

#9 – "Gracia en Acción"
Leer: Juan *8:1-11*

"Cuando insistieron en preguntarle, él se enderezó y les dijo: 'El que de vosotros esté sin pecado, que sea el primero en arrojar la piedra contra ella'". **Juan 8:7**

Una vez escuché una historia sobre un pastor que, un domingo por la mañana, encontró bloqueados los caminos a su iglesia. Debido a este obstáculo inesperado, se vio obligado a patinar en el río para llegar allí. Cuando llegó, los ancianos de la iglesia se horrorizaron al enterarse de que su predicador había patinado el domingo, ¡el Día del Señor!. Después del servicio, tuvieron una reunión en la que el pastor explicó que era ir a la iglesia o no ir en absoluto. Después de una pausa, un anciano preguntó: "¿Lo disfrutaste?". Cuando el predicador respondió: "No", la junta lo absolvió de cualquier delito. *1*

En nuestro pasaje de hoy, encontramos a un grupo de fariseos igualmente legalistas que llevan ante Jesús a una mujer sorprendida en adulterio. En el versículo 6 aprendemos que: *"Estaban usando esta pregunta para atraparlo...",* y hacerle decir algo que desacreditaría Su reputación. En cambio, Cristo respondió con sabiduría y nos modeló la mentalidad que debemos tener cuando se trata de la gracia.

Gran idea: *La gracia mira más allá de la letra de la ley hacia el corazón de una persona, trayendo perdón, restauración, convicción y cambio.*

Profundizando – Un Devocional de 30 Días

Los acusadores de la mujer adúltera eran *"los maestros de la ley y los fariseos"* (v. 2), los cuales hicieron todo lo posible para seguir la ley mosaica. De hecho, estos líderes religiosos tenían razón en lo que la Ley mosaica prescribía con respecto al castigo por adulterio (v. 5). Sin embargo, tiraron por completo la misericordia y la compasión por la ventana en el proceso, y sus verdaderas intenciones detrás de este episodio fueron deshonestas y egoístas.

Pero mientras que los líderes religiosos condenaron a la mujer por su fracaso, Jesús responde con gracia: *"Cuando insistieron en preguntarle, él se enderezó y les dijo: 'El que de vosotros esté sin pecado, que sea el primero en arrojar una piedra contra ella'".* (vers. 7)

No tuvo que hacer mucho, ¿verdad? La pregunta de Jesús en sí misma trajo convicción a los líderes religiosos e hizo que evaluaran sus propias vidas. Y en respuesta, *"... Empezaron a irse uno por uno..."* (v. 9), porque ninguno de los presentes podía afirmar que nunca habían sinned._____

Discernimiento:** **La gracia no solo nos perdona y perdona, sino que nos hace buscar una vida santa. Cuando entendemos el poder de la gracia, no queremos abusar de ella de ninguna manera. La gracia siempre debe producir cambios y llevarnos a algo mejor.

_____

Al final, solo quedaron Jesús y la mujer. Fíjate en que no le gritó ni la atacó. No preguntó: "¿Qué te pasa? ¡No puedo creer que hayas caído de nuevo!" En cambio, *"... Jesús dijo: "Yo tampoco te condeno. Ir. De ahora en adelante, no peques más'".* (v. 11) Algunas versiones lo traducen como: *"'Entonces tampoco yo te condeno. Vete ahora y **deja tu vida de pecado**'".* ¡Fue la gracia que se mostró ese día lo que probablemente cambió a esa mujer para siempre!

Lo mismo es cierto para nosotros. En última instancia, es la gracia que Dios nos ha mostrado la que nos absuelve de nuestras malas acciones, nos perdona, nos da poder y nos impulsa a cambiar. Y debido a que se nos mostró libremente, ¡también debemos mostrárselo a los demás! Escuché a una persona decirlo así: *"Las personas que tienden a ser más amables son aquellas que saben cuánto necesitan la gracia".* Desconocido

_____

Profundizando – Un Devocional de 30 Días

Desafío: *¿Cómo podría ver el poder de la gracia que causa cambios en mi propia vida? ¿Cómo puedo crecer en gracia?*

Orar: *Agradecer a Dios por la gracia que me ha mostrado y orar por ayuda para mostrar esa gracia a los demás...*

Profundizando:

Warren Wiersbe dijo una vez lo siguiente:

"No debemos malinterpretar este evento en el sentido de que Jesús fue indulgente con el pecado o que contradijo la ley. Para que Jesús perdonara a esta mujer significaba que un día tenía que morir por sus pecados. El perdón es gratis, pero no es barato. Además, Jesús cumplió perfectamente la ley para que nadie pudiera acusarlo justamente de oponerse a sus enseñanzas o de debilitar su poder...

La ley fue dada para revelar el pecado (Romanos 3:20), y debemos ser condenados por la ley antes de que podamos ser purificados por la gracia de Dios. La ley y la gracia no compiten, se complementan. Nadie se salvó por guardar la ley, pero nadie fue salvo por gracia si no fue acusado primero por la ley. Debe haber convicción antes de que pueda haber conversión". **número arábigo**

Devoción escrito por el Pastor Frank y Samuel Gervasi

---

1. Hoy en la Palabra, Moody Publishers, diciembre de 1989, p. 12
2. Warren Wiersbe, Derechos de autor © Warren W. Wiersbe.

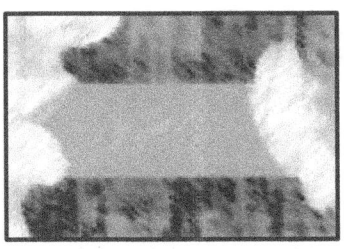

#10 - ¿Aprender a hablar sabiamente?
Lea: Santiago *3:1-12*

_____

"Porque si pudiéramos controlar nuestras lenguas, seríamos perfectos y también podríamos controlarnos a nosotros mismos en todos los demás aspectos". **Santiago 3:2b, NVI**

_____

Un esposo y una esposa cuentan una anécdota sobre cómo *recientemente "se sentaron a comer en un restaurante local".* Y el esposo, *"había ido al baño y cuando el mesero vino a buscar nuestros pedidos de bebidas, mi esposa dijo: 'Los dos tomaremos agua y yo tomaré té helado. No sé qué va a beber. El camarero respondió: '¿Y qué va a hacer con el agua?'". 1*

Nuestras palabras son poderosas y pueden usarse de una manera positiva, pero también negativa, causando daño si no se tiene cuidado. En nuestro pasaje de hoy, en el libro de Santiago. Es una en la que compara nuestro habla con tres cosas diferentes, un fuego, un barco y un caballo. Y cada uno tiene algo en común, una pequeña cosa que tiene un gran efecto.

_____

Gran Idea: ¡*Nuestro Discurso Es Poderoso! –Por lo tanto, debemos tener cuidado cuando hablamos.*

_____

A pesar de que nuestras lenguas son una pequeña parte de nuestro cuerpo, nuestras palabras pueden tener grandes efectos, ¿no es así? Y podemos usarlos para el bien o podemos permitir que destruyan y lastimen a otras personas. Vimos en el versículo 5: *"Así también la lengua es un miembro pequeño y se jacta de grandes cosas".*

Profundizando – Un Devocional de 30 Días

Aunque Santiago usa la palabra lengua, obviamente se está refiriendo a nuestro habla, las palabras que decimos y las cosas que salen de nuestra boca. Lo que sale de nuestra boca cuando interactuamos con los que nos rodean, --- le importa a Dios.

Santiago describe nuestra lengua como algo pequeño pero poderoso en los versículos 5b-6: *"Una cosa pequeña que hace grandes discursos. Pero una pequeña chispa puede incendiar un gran bosque"*. Creo que es una imagen excelente cuando habla de nuestro discurso. Porque algunos de los incendios forestales más grandes y destructivos del mundo comenzaron con una sola chispa.

———————

Insight: *Aunque sea difícil, nuestro habla debe ser dominada, ¡para que podamos vivir sabiamente!*

———————

Sin embargo, aunque sea difícil, no podemos usarlo como una excusa porque Dios todavía quiere que usemos nuestro discurso de una manera que lo honre. Por lo tanto, tenemos que aprender a disciplinar nuestro habla, independientemente de la dificultad.

Si miramos a partir del versículo 7, Santiago compara nuestro habla con todos los diversos animales que han sido domesticados por el hombre. Sin embargo, nuestro discurso es muy difícil de dominar. *"Porque toda especie de bestias y aves, de reptiles y criaturas del mar, es domesticada y ha sido domesticada por la raza humana. Pero nadie puede domar la lengua; Es un mal inquieto y lleno de veneno mortal"*.

A Dios le importa cómo usamos nuestro habla, y nuestras palabras deben ser controladas porque son poderosas. Por lo tanto, debemos aprender a usar nuestro discurso de manera que edifique a los demás y los anime. Escuché a una persona decir: *"¡se puede distinguir el carácter de una persona por las palabras que usa!"* (desconocido)

———————

Desafío: *¿Cómo podría usar mi discurso para edificar a otros y no para derribarlos? ¿Cómo puedo hablar de una manera edificante?*

Profundizando – Un Devocional de 30 Días

Orar: _Agradecer a Dios por la capacidad de usar mi habla de una buena manera. Pidiendo el poder que necesito para dominarlo...._

_____

Profundizando:

El término _"perfecto"_ aquí en el versículo 2 no se refiere a la ausencia de culpa. Sin embargo, está hablando de la _"madurez espiritual"_ por la que los cristianos deben esforzarse. Las **Notas Bíblicas de Estudio de la NVI** también confirman y amplían esta importante palabra al decir que si una persona pudiera domar su lengua, lo más probable es que también se filtrara a otras áreas de su vida.

"Puesto que la lengua es tan difícil de controlar, aquellos que la controlan perfectamente obtienen el control de sí mismos en todas las demás áreas de la vida también. Santiago indica que el control completo de la lengua, si fuera posible, haría a una persona 'perfecta'. Esto refleja el mismo término griego de 1:4, donde indica 'madurez'".

Aunque sea difícil, debemos aprender a dominar nuestro habla de una manera que ayude y _no_ perjudique a los demás. **Efesios 4:29** es la norma que también estableció el apóstol Pablo cuando dice: _"Ninguna palabra malsana salga de vuestra boca, sino solo la palabra que sea buena para edificación, según la necesidad del momento, para que dé gracia a los que oyen"._ **número arábigo**

_____

Devoción escrito por el Pastor Frank y Samuel Gervasi

_____

1. Speaker Stories, https://speakerstories.wordpress.com/2012/04/16/people-are-funny/, consultado el 20/03/2025.
2. Biblia de estudio NVI, Copyright © 1985, 1995, 2002, 2008, 2011 por Zondervan.

Profundizando – Un Devocional de 30 Días

#11 Confianza en Dios
Leer: *Salmos 146:3-6*

"Pero bien, bien, se alegran los que tienen por ayudador al Dios de Israel, cuya esperanza está en el Señor su Dios." *Salmos 146:5*

Hay una historia sobre un padre que fue a escalar rocas con su hijo, Zac. Los dos estaban en el campo, trepando por unos acantilados, cuando el padre escuchó una voz desde arriba de él que gritaba: "¡Oye papá! ¡Atrápame!" Se dio la vuelta y vio a Zac saltando alegremente de una roca directamente hacia él. Había saltado primero y luego gritó: "¡Oye, papá!" Las cosas se convirtieron instantáneamente en un acto de circo, cuando el padre se colocó en posición para atraparlo. Ambos cayeron al suelo. Cuando el padre volvió a encontrar la voz, jadeó exasperado: "¡Zac! ¿Puedes darme una buena razón por la que hiciste eso??? Él respondió con notable calma: "Claro... porque eres mi papá". *1*

Todos depositamos nuestra confianza en alguien o en algo. Muchas veces, elegimos confiar en otras personas, esperando que nos cuiden. En algunas situaciones, esa confianza está bien colocada, como con Zac y su padre. Pero otras veces ponemos nuestra confianza en las personas equivocadas para las cosas equivocadas. Como veremos en nuestra devoción de hoy, solo hay una Persona en la que debemos depositar nuestra máxima confianza. Y deberíamos estar rebosantes de gratitud cuando nos demos cuenta de lo confiable que es Él.

Gran idea: Nunca debemos poner nuestra confianza en las personas, sino más bien dar nuestra confianza y adoración a Dios.

La semana pasada, vimos cómo el Salmo 146 nos exhorta a adorar con gozo ante Dios, y en estos versículos, ahora vemos una de las razones por las que

Profundizando – Un Devocional de 30 Días

debemos alabar a Dios: las personas fallan, pero Dios no. Mira los versículos 3-4: *"No pongas tu confianza en los poderosos; Allí no hay ayuda para ti. Cuando exhalan su último aliento, regresan a la tierra, y todos sus planes mueren con ellos".*

Podemos ver algo claramente en estos versículos: Dios puede ser digno de nuestra adoración, pero las personas nunca estarán a la altura de la misma manera. Y eso será cierto incluso para la mejor, la más sabia y la más respetable persona que podamos conocer. Siempre van a faltar, porque siempre van a estar limitados en la medida en que puedan ayudarnos.

———————————

Perspectiva: La confianza y el elogio tienen una relación simbiótica. Cuando elegimos poner nuestra confianza en Dios, nos sentimos impulsados a adorarlo. Del mismo modo, cuando adoramos a Dios incluso en las pruebas más duras, nos resulta más fácil tener fe en el plan perfecto de Dios.

———————————

El versículo 3 describe a *"gente poderosa"* o algunas versiones dicen *"príncipes".* Todos podemos imaginar a alguien que encaja en esta descripción, alguien con influencia y estatus. Sin embargo, incluso estas personas nos decepcionarán en un momento u otro.

Pero, ¿no es una buena noticia saber que Dios nunca nos defraudará? Fíjese en el contraste entre los versículos 3-4 (que leímos antes) y los versículos 5-6: *"Pero bien, bien, se alegran los que tienen por ayudador al Dios de Israel, cuya esperanza está en el Señor su Dios. Él hizo el cielo y la tierra, el mar y todo lo que hay en ellos. Él cumple todas las promesas para siempre".*

Incluso las personas más confiables de la tierra se quedarán cortas y nos fallarán, pero servimos al Dios de los Ejércitos que nunca falla. ¿Cómo debemos responder? ¡El salmista responde con alabanza jubilosa! A lo largo del resto del salmo, demuestra su agradecimiento y gratitud por la fidelidad y fiabilidad de su Rey. Ofrezcamos nuestra confianza y afecto a Dios también y elijamos poner nuestra confianza en Él en lugar de en los seres humanos falibles. ¡Y adoremos con gozo ante el Señor!

———————————

Profundizando – Un Devocional de 30 Días

Reto: ¿Dónde he estado depositando mi confianza? ¿Qué necesito para confiar en Dios hoy?

Orar: Pedirle a Dios que me ayude a poner mi confianza en Su naturaleza infalible y no en los simples mortales, y agradecerle por su fidelidad insuperable

---

Profundizando:

Matthew Henry, en su Comentario sobre toda la Biblia, dice con respecto a los versículos 3-4: *"Se supone que David escribió este salmo; Y él mismo era un príncipe, un príncipe poderoso; Como tal, podría pensarse... que él mismo, habiendo sido una bendición tan grande para su país, fuera adorado, según la costumbre de las naciones paganas, que deificaban a sus héroes, para que todos vinieran y confiaran en su sombra y lo hicieran su morada y fortaleza. 'No', dice David, 'no pongas tu confianza en príncipes (Sal. 146:3), ni en mí, ni en ningún otro; no deposites tu confianza en ellos; No aumentes tus expectativas de ellos. No estés muy seguro de su sinceridad; Algunos pensaban que sabían gobernar mejor sabiendo disimular. No estés demasiado seguro de su constancia y fidelidad; Es posible que ambos cambien de opinión y rompan sus palabras. Pero aunque los suponemos muy sabios y tan buenos como el mismo David, no debemos estar demasiado seguros de su habilidad y continuidad, porque son hijos de Adán, débiles y mortales. Ciertamente hay un Hijo del Hombre en quien hay ayuda, en quien hay salvación, y que no fallará a los que confían en él".* **número arábigo**

Devoción escrito por el Pastor Frank y Samuel Gervasi

---

1. Adaptado de https://www.sermonillustrations.com/a-z/t/trust.htm; Consultado el 20/11/2024
2. Comentario de Matthew Henry sobre toda la Biblia, dominio público.

Profundizando – Un Devocional de 30 Días

Profundizando – Un Devocional de 30 Días

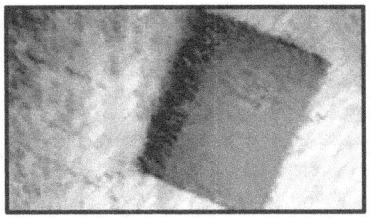

#12 - El Libro Útil de Dios

Lea: **_2 Timoteo 3:14-17_**

"Toda la Escritura es inspirada por Dios, y útil para enseñar, para redargüir, para corregir, para instruir en justicia, 17 a fin de que el siervo de Dios esté enteramente preparado para toda buena obra." **_2 Timoteo 3:16-17_**

"Un sacerdote católico romano de Bélgica reprendió a una joven y a su hermano por leer ese 'libro malo' que apuntaba a la Biblia. ' Señor Priest -replicó ella-, hace poco mi hermano era un holgazán, un jugador, un borracho, y hacía tanto ruido en la casa que nadie podía quedarse en ella. Desde que comenzó a leer la Biblia, trabaja con industria, ya no va a la taberna, ya no toca las cartas, lleva dinero a su pobre madre, y nuestra vida en casa es tranquila y deliciosa. ¿Cómo es posible, señor Priest, que un mal libro produzca tan buenos frutos? **1**

La Biblia es transformadora y puede cambiar a las personas para bien. De hecho, algunos han dicho que es un libro divinamente fortificado, no cualquier libro, por lo que se puede creer plenamente. Sin embargo, eso probablemente sea cierto por varias razones, porque no es solo una gran obra literaria, como podríamos ver en una universidad, o en una biblioteca, o incluso en una librería. Podemos confiar en su fiabilidad porque es más bien un milagro literario, en todo caso. Realmente no puede haber nada terrenal comparado con él, porque no es terrenal en su origen.

Considere que un grupo de individuos no se sentó en un comité y ni siquiera planificó los sesenta y seis libros de la Biblia. Más bien, más de cuarenta autores diferentes trabajaron durante más de sesenta generaciones y en tres continentes. Vimos en el versículo 16 que: _"Toda la Escritura es inspirada por_

Profundizando – Un Devocional de 30 Días

Dios". Llevando esta idea de que vino directamente de la boca de Dios y hablando a través de personas comunes de diversos orígenes.

───────────────

Gran Idea: *La Biblia vino de la boca de Dios, a través de los escritores individuales, afirmando su utilidad....*

───────────────

La Biblia también es un libro especialmente *pertinente* con usos que conducen al crecimiento espiritual porque no es un libro que solo es útil para algo trivial, o algo simplemente para pasar el tiempo. Es un libro que tiene una función clara, decisiva e importante, que es relevante para todas las cosas. Sin embargo, es especialmente útil para la materia en el crecimiento espiritual de cualquier persona.

En el versículo 16 dice: *"Toda la Escritura es inspirada por Dios y útil para enseñar, para redargüir, para corregir y para instruir en justicia".*

Enumera beneficios o usos claros que provienen de la palabra de Dios que, a pesar de que le estaba hablando a Timoteo, son realmente para todos, independientemente de quiénes seamos. Una versión usa la palabra *"rentable"* que me gusta, porque llama la atención más que *útil*. El hecho de que podamos sacar provecho cuando leemos la Biblia es, como mínimo, alentador. También se expande en el versículo 16 cuando dice: *"Enseñando, reprendiendo, corrigiendo".* Todas las cosas que se necesitan en diferentes etapas de la vida de un seguidor de Cristo en muchos casos.

───────────────

Perspicacia: *La Biblia es útil para instruir en justicia, ¡para que estemos equipados!*

───────────────

Finalmente, no leemos la Biblia para no adquirir información o estar llenos de conocimiento, sino para crecer en fe, santidad y pureza. En la última parte del versículo 16, el apóstol Pablo le estaba dando a Timoteo la meta final de la Biblia, *"y la instrucción en justicia".* El deseo supremo de Dios para sus hijos es que todos crezcamos en rectitud y apliquemos lo que aprendamos. Probablemente no haya un libro que sea más relevante para la cultura actual, aunque pueda parecer diferente a la cultura de la época.

_____

Desafío: ¿Cuándo podría dedicar más tiempo a leer la Palabra de Dios? ¿Cómo puedo crecer en santidad aplicando la Biblia de maneras más grandes?

Orar: Pidiéndole a Dios el deseo y la sabiduría para aprender las Escrituras de una manera más grande y aplicarlas....

_____

Profundizando:

El contexto podría aclarar los tiempos que prevalecieron durante la escritura de 1 y 2 Timoteo. Había muchas obras diferentes que eran populares, sin embargo, las obras escritas no estaban tan disponibles como hoy. Sin embargo, tanto los judíos como los cristianos dependían en gran medida de los rollos del Antiguo Testamento y de las nuevas cartas y epístolas que circulaban entre las iglesias. De hecho, **el Comentario Ilustrado de Antecedentes Bíblicos del Nuevo Testamento de Zondervan** dice:

*"Las religiones de Grecia y Roma en el tiempo de Pablo no dependían de materiales escritos. Había libros sagrados que contenían materiales oraculares (por ejemplo, los Oráculos Sibilinos), libros de magia con hechizos, encantamientos, encantamientos, etc. (cf. Hechos 19:19), y otros tipos de manuales sobre prácticas como el augurio (la interpretación de varios presagios). Además, los escritos de los poetas antiguos como Homero o Hesíodo se consideraban de particular autoridad en sus mitos sobre los dioses, aunque al mismo tiempo había un dicho popular: "Los poetas dicen muchas mentiras", especialmente sobre los dioses. En contraste, tanto el judaísmo como su descendencia, el cristianismo, fueron y son religiones que dependen en gran medida de las Escrituras inspiradas y autorizadas. **número arábigo***

_____

Devoción escrito por el Pastor Frank y Samuel Gervasi

_____

1.   Ministerio 127, https://ministry127.com/resources/illustration/the-fruit-of-the-bible/ consultado el 15/09/2024

Profundizando – Un Devocional de 30 Días

2. (Zondervan Illustrated Bible Backgrounds: Commentary of the New Testament, Copyright © 2002. Todos los derechos reservados.

#13 – Follow Me
Leer: Lucas *14:25-35*

"Y el que no lleva su cruz y me sigue, no puede ser mi discípulo". **Lucas 14:27**

Phillip "Jim" Eliot fue un evangelista y misionero cristiano que murió persiguiendo la ambición de su vida de llevar el evangelio a las personas no alcanzadas. El 8 de enero de 1956, él y cuatro compañeros misioneros estadounidenses fueron asesinados con lanzas en una playa remota por diez hombres de la primitiva tribu Auca/Waorani, la tribu a la que se había sentido llamado a evangelizar.

Sin embargo, la viuda de Jim Eliot, Elisabeth, no guardaba rencor a los asesinos de su marido. En cambio, ella y varias otras mujeres se mudaron a la aldea Auca para continuar el trabajo que comenzaron sus esposos. Justo un año después de que los cinco misioneros fueran asesinados en Ecuador, escribió: *"Hemos demostrado más allá de toda duda que [Dios] quiere decir lo que dice: su gracia es suficiente, nada puede separarnos del amor de Cristo. Oramos para que si alguien, en cualquier lugar, teme que el costo del discipulado sea demasiado grande, se le dé la oportunidad de vislumbrar ese tesoro en el cielo prometido a todos los que abandonan". 1*

<u>Gran idea:</u> *Jesús quiere que cada parte de nuestras vidas, tanto espiritual como física, se dedique a Él y a Su reino.*

A veces la vida cristiana puede exigir mucho del creyente. En un sentido espiritual, seguir a Jesús siempre puede parecer forzar a una persona, porque todos traen un trasfondo diferente, defectos de carácter y formas de hacer las

Profundizando – Un Devocional de 30 Días

cosas que Dios quiere alterar. Incluso físicamente, los creyentes pueden experimentar enfermedades y dolencias que Dios usa para Su gloria.

En nuestro pasaje de hoy, podemos ver claramente que Jesús quiere el primer lugar en nuestras vidas para todas las cosas. Él quiere nuestra lealtad total y el lugar más profundo en nuestros corazones. Vemos en el versículo 26: *"Si alguno viene a mí y no aborrece a su padre y a su madre, a su mujer y a sus hijos... incluso su propia vida, tal persona **no puede** ser mi discípulo".* (sin cursivas en el original)

Para aclarar, Jesús no está diciendo que las personas deban despreciar a sus familias; las familias son un regalo de Dios (Mateo 15:4; 1 Timoteo 5:8). Más bien, Jesús está diciendo que debemos dedicarnos a Él tan completa y apasionadamente, que nuestro amor por otras cosas palidece tanto en comparación con el odio. Para ser un discípulo, debes amar a Jesús más que a los relationships._____

__Perspicacia: Debemos__ entender nuestro compromiso de caminar con Cristo, para que no nos desanimemos cuando la vida se ponga difícil. Porque seguir a Jesús es la decisión más importante que una persona puede tomar. Dios quiere discípulos de todo corazón que estén comprometidos con la entrega completa.

_____

A veces, esa lealtad incondicional significa morir a las viejas formas de vida. Mire el versículo 27: *"El que no lleva su cruz y me sigue, no puede ser mi discípulo".* Piense en eso: Jesús quiere que nuestras metas, nuestros planes y nuestros sueños se presenten completamente para su uso. Identificarse con Cristo significa morir a las viejas costumbres, a los viejos patrones de pensamiento, incluso a las viejas relaciones si obstaculizan nuestro caminar con el Señor. Finalmente, mire el versículo 33: *"De la misma manera, aquellos de ustedes que no renuncian a todo lo que tienen, **no pueden ser mis discípulos".*** ¡No hay nada más claro que eso! Nuestras familias, nuestras carreras, nuestros deseos, incluso las cosas tangibles que damos por sentado, pertenecen a Dios. Y cuando ponemos esas cosas a Sus pies para seguirlo, encontraremos que era el mejor lugar para ponerlas.

Profundizando – Un Devocional de 30 Días

Dietrich Bonhoeffer dijo una vez esto: *"La salvación es gratis, pero el discipulado te costará la vida". 2*

Desafío: ¿Cuánto me cuesta seguir a Jesús? ¿Qué significa ser identificado con Cristo?

Orar: Orar para que Dios me ayude a seguirlo, sin importar lo que me cueste

---

Profundizando:

El versículo 34 dice: *"La sal es buena, pero si pierde su salinidad, ¿cómo se volverá salada de nuevo? No es apto ni para el suelo ni para la pila de estiércol; se echa fuera".* Con respecto a este versículo, la Biblia de Estudio de John MacArthur dice lo siguiente: *"La sal era un artículo esencial en la Palestina del primer siglo... En un clima cálido, sin refrigeración, la sal era el medio práctico de conservar los alimentos". 3*

De la misma manera, debemos dejar a otros con los que nos encontremos queriendo saber más acerca de nuestra fe.

Devoción escrita por el Pastor Frank y Samuel Gervasi

---

1. Christianity Today, Vol. 1, reimpreso Vol. 40, no. 10, https://www.gotquestions.org/Jim-Elliot.html, consultado el 20/03/2025
2. Dietrich Bonhoffer, El costo del discipulado, pág. 39, Nueva York: Macmillan Publishing Company, 1963; Publicado por primera vez en 1937.
3. Biblia de estudio MacArthur, Bible Gateway Plus, www.biblrgateway.com, Copyright © John F. MacArthur, publicado por Thomas Nelson, 2006.

Profundizando – Un Devocional de 30 Días

#14 - Hacer lo mejor que puedes
Leer: *Gálatas 6:1-10*

"No nos cansemos de hacer el bien, porque a su debido tiempo cosecharemos si no nos damos por vencidos". **Gálatas 6:9**

"El velocista jamaicano Usain Bolt tardó menos de diez segundos en cubrir la distancia de cien metros en la pista olímpica y ganar la medalla de oro en Londres. Esos pocos segundos consolidaron su estatus como el "hombre vivo más rápido" y lo colocaron en el podio de ganadores una vez más. Pero la carrera no se ganó en esos segundos, se ganó con horas y horas de práctica, entrenamientos, levantamiento de pesas, dieta especial y entrenamiento. La carrera no se ganó en la actuación sino en la preparación. Es nuestro deseo de algo más grande lo que nos hace sacrificar algunas cosas, incluso algunas cosas buenas, por el bien de las cosas que son mejores". **1**

Gran idea: *Hacer lo mejor que podemos es la voluntad de Dios y dará sus frutos a largo plazo.*

Puede que no hagamos los mismos sacrificios que hace un atleta, pero todos debemos dejar de lado una tendencia humana natural de complacencia y orgullo, y elegir hacer lo mejor que podamos, especialmente en asuntos de nuestra fe. El apóstol Pablo nos exhorta en el versículo 4 a *"hacer el bien a todos"*

Profundizando – Un Devocional de 30 Días

y a *"compartir las cargas los unos de los otros, y obedecer así la ley de Cristo".* v. 2

Estos versículos no están diciendo que los creyentes deben seguir la Ley Mosaica; más bien, él estaba hablando de una manera que algunos en esa iglesia entendían. Aunque ya no estamos bajo la Ley, está claro que hacer el bien y vivir como Jesús (*la "ley de Cristo"*) agrada al Señor.

Hacer el bien comienza con mirarnos a nosotros mismos primero. Lo vemos en los versículos 4-5: *"Presta mucha atención a tu **propio** trabajo, porque entonces obtendrás la satisfacción de un trabajo bien hecho, y entonces no tendrás necesidad de compararte con nadie más".* Este es un buen consejo para todos nosotros, porque algo se pierde cuando nuestra atención comienza a enfocarse en lo que los demás deberían estar haciendo. Aunque puede ser difícil, necesitamos enfocarnos en nuestro caminar con Cristo si queremos hacer lo mejor que podamos, entendiendo que *"Tú no eres tan importante".* v. 3b_____

__Perspicacia:__ Cosecharemos lo que sembremos en la vida. Aunque Dios a menudo nos da en su gracia lo que no merecemos, es una ley natural de Dios que cuanto más vive una persona para complacer a su carne, más muerte y decadencia experimenta. No podemos vivir como queramos; debemos elegir vivir de acuerdo con la Palabra de Dios si queremos hacer lo mejor que podamos y recibir nuestra recompensa.

_____

Finalmente, mire los versículos 9-10: *"Así que no nos cansemos de hacer el bien. En el momento justo cosecharemos una cosecha de bendiciones si no nos damos por vencidos. Por lo tanto, siempre que tengamos la oportunidad, debemos hacer el bien a todos, especialmente en la familia de la fe".* (NVI) Hacer lo mejor que podamos siempre dará sus frutos a su debido tiempo. Es posible que no lo veamos de inmediato. Es posible que no lo veamos el próximo mes, o incluso el próximo año. Pero Dios ha prometido que bendecirá a aquellos que hagan lo mejor que puedan, en cualquier forma que Él escoja esa bendición.

Fíjate que estos versículos dicen: *"**cosecharemos** cosecha".* Esta frase suena definitiva en el hecho de que aquellos que hacen el bien serán recompensados por la propia mano de Dios. Pero note que esa cosecha solo llega *"si no nos* *damos por vencidos".* No te desanimes si la espera se está alargando; dar lo mejor de nosotros a Dios y obedecer la ley de Cristo valdrá la pena al final. Mantente firme y continúa eligiendo hacer el bien hasta que llegue tu cosecha.

———————

Desafío: *¿Cómo puedo hacer el bien a los que me rodean? ¿Cómo puedo crecer en hacer el bien?*

Orar: *Rezar para que Dios me ayude a perseverar hasta que llegue la cosecha, dando lo mejor de mí a Él y siguiendo Su voluntad...*

———————

Profundizando:

Con respecto al principio de cosechar y sembrar, la ***Biblia de Estudio Tony Evans de*** CSB dice lo siguiente:

"Dios ha establecido ciertas leyes que gobiernan el universo que ha creado. Esto es cierto en el mundo físico (por ejemplo, la ley de la gravedad). Pero también es cierto para el mundo espiritual. Pablo articula una ley o principio espiritual importante cuando dice: todo lo que una persona siembra, también cosechará. Un agricultor cosecha exactamente lo que siembra. Si siembra papas, no buscará cosechar judías verdes. Decide lo que quieres cosechar espiritualmente y deja que eso controle lo que decidas sembrar. Esta ley es universal (se aplica a todas las personas en todas partes) e inviolable (se demuestra cierta sin falta). No te engañes a ti mismo creyendo que puedes rebelarte contra Dios sin consecuencias". **número arábigo**

———————

Devoción escrito por el Pastor Frank y Samuel Gervasi

———————

1. Ministerio 127, https://ministry127.com/resources/illustration/the-fastest-man-alive, consultado el 20/03/2025.
2. Tony Evans Study Bible, Copyright © 2017 por Holman Bible Publishers, Bible Gateway Plus, www.biblegateway.com, consultado el 20/03/2025.

Profundizando – Un Devocional de 30 Días

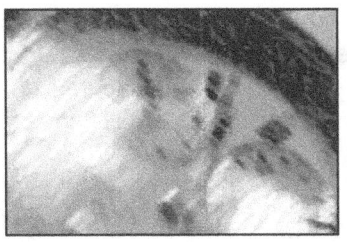

#15 - Un tiempo para todo
Leer: *Eclesiastés 3:1-14*

"Hay un tiempo para todo, y una estación para cada actividad bajo los cielos..."
Eclesiastés 3:1

"Si alguna vez caminas por las calles de Boston y comienza a llover, mira hacia abajo, es posible que veas algo sorprendente. El Ayuntamiento de Boston y el grupo sin fines de lucro Mass Poetry están "llevando lentamente el arte secreto a las calles", a través de una combinación de plantillas, pintura en aerosol a prueba de agua y días lluviosos. Desde principios de abril, los poemas han sido rociados con pintura impermeable en las aceras de toda la ciudad. Cuando la acera está seca, las palabras son invisibles; Pero cuando la acera está mojada, de repente aparece una obra de arte. Para muchas personas, un día lluvioso no es un día ideal, pero ¿quién sabe qué cosas hermosas podría perderse una persona si no hubiera sido por la lluvia?" 1

En la vida, las estaciones van y vienen. Nos aferramos fuertemente a algunos de ellos y nos negamos a pasar a otros nuevos. En otros, nos apresuramos a pasar lo más rápido posible a una situación más cómoda. Pero no tenemos mucho que decir cuando cambian. Sin embargo, sí sabemos que Dios tiene poder sobre nuestras estaciones en la vida, independientemente de cuánto duren.

Gran idea: *Cada etapa de la vida, tanto buena como mala, es soberanamente ordenada por Dios y es necesaria para recibir lo mejor de Dios para nosotros.*

Profundizando – Un Devocional de 30 Días

Observe cómo el versículo 1 dice: *"Hay un tiempo para todo, y un tiempo para cada actividad debajo de los cielos..."* Algunas versiones usan la frase *"tiempos señalados"* (LBLA), lo que implica que alguien más que nosotros está haciendo la señalización. Y sabemos por el resto de las Escrituras que esa persona es Dios mismo.

Todo lo que nos sucede se remonta a la mano soberana de Dios. Absolutamente nada entra en nuestras vidas sin que Dios sea el originador, o sin que Dios lo permita. Para algunos, esto puede ser una mala noticia. Si una persona es orgullosa y necesita atribuirse el mérito del resultado o se siente incómoda confiando en Dios sin saber por qué Él permite las malas temporadas, este pasaje está lejos de ser alentador. Pero para aquellos de nosotros que elegimos la sumisión y podemos descansar en la promesa de que Dios *"... haz que todas las cosas cooperen para el bien de los que le aman"* (Romanos 8:28) este pasaje es reconfortante de escuchar.

No solo todas las estaciones, buenas y malas, son ordenadas por Dios, sino que también son completamente necesarias. Tanto los altibajos como los altibajos son importantes para cada persona; No podemos tener uno sin el otro. Los versículos 2-8 enumeran *"Un tiempo para"* veintiocho eventos comunes por los que muchas personas pasan en la vida. La mayoría de las veces, es más fácil dar la bienvenida a los buenos eventos identificados en esta lista, y es mucho más fácil ignorar o evitar los momentos difíciles. Sin embargo, Dios usa ambos para lograr Sus propósitos en cada persona.

__Perspicacia:__ Cada etapa de la vida debe hacernos temer a Dios y desarrollar una vida profunda y saludable.
reverencia por Él. Independientemente de dónde nos encontremos en la vida, Dios siempre es digno de nuestro respeto, honor y reverencia.

Entonces, ¿qué se supone que debemos hacer? Si Dios ha señalado cada etapa de nuestra vida, y la está usando para cumplir Sus propósitos en nosotros, ¿cómo debemos responder? La respuesta es esta: debemos aprender a estar contentos con lo que Dios nos ha dado. Mire de nuevo los versículos 12-13: *"Sé que no hay nada mejor para las personas que ser felices y hacer el bien mientras viven. Que cada uno de ellos coma y beba, y halle satisfacción en todos sus trabajos, este es el don de Dios". (NVI)*

Para aclarar, quiero decir que estos versículos no implican que no debamos aspirar a mejores cosas en la vida. O que debemos aceptar todo lo que se nos presente, incluso si los demás nos tratan injusta o injustamente. Lo que está diciendo es que debemos aprender a aprovechar al máximo nuestras rutinas diarias que a veces damos por sentado. Filipenses 4:12-13 dice esto: *"Yo sé lo que es tener necesidad, y sé lo que es tener en abundancia. He aprendido el secreto de estar contento en todas y cada una de las situaciones, ya sea que esté bien alimentado o hambriento, ya sea que viva en abundancia o en necesidad. Todo esto lo puedo hacer por medio de aquel que me da fuerzas".* (NVI) Debemos ser personas que aprendan a estar contentas con lo que Dios nos tiene por esa razón específica.

Desafío: ¿En qué etapa de la vida me encuentro en este momento? ¿Cómo puedo aprender a temer a Dios y estar contento donde estoy?

Orar: Agradeciendo a Dios por los buenos y los malos momentos que ha ordenado y pidiéndole que me ayude a estar contento...

Profundizando:

Con respecto a Eclesiastés 3, el **Comentario Bíblico de Jamieson, Fausset y Brown** dice lo siguiente: *"Las actividades terrenales son sin duda lícitas en su debido tiempo y orden (Eclesiastés 3:1-8), pero inútiles cuando están fuera del tiempo y el lugar; como, por ejemplo, cuando se persigue como el sólido y principal*
bien (Eclesiastés 3:9, 10); mientras que Dios hace todo bello a su tiempo, lo cual el hombre comprende oscuramente (Eclesiástico 3:11). Dios permite que el hombre disfrute moderada y virtuosamente de sus dones terrenales (Eclesiastés 3:12, 13). Lo que nos consuela en medio de la inestabilidad de las bendiciones terrenales es que los consejos de Dios son inmutables (Eclesiastés 3:14)".
número arábigo

Devoción escrito por el Pastor Frank y Samuel Gervasi

Profundizando – Un Devocional de 30 Días

---

1. Predicación Hoy, https://www.preachingtoday.com/illustrations/2016/may/bostons-secret-street-art.html, consultado el 20/03/2025.
2. Jamieson, Fausset y Brown Bible Commentary, 1971, Bible Gateway Plus, www.biblegateway.com, consultado el 20/03/2025.

#16 - Un rey caído en desgracia
Lea: Mateo **27:27-50**

"A eso de las tres de la tarde, Jesús gritó a gran voz: 'Elí, Elí, ¿lema sebachthani?'
(que significa 'Dios mío, Dios mío, ¿por qué me has abandonado?')"
Mateo 27:46

Una de las personalidades más infames de finales del siglo XIX fue María Antonieta, reina de Francia. Mientras su nación estaba en crisis económica y su pueblo hambriento, María Antonieta era conocida por su estilo de vida opulento y lujoso. Celebraba regularmente bailes y banquetes en el palacio real y era una generosa mecenas de muchos compositores y músicos. Era una ávida jugadora, a menudo jugaba en exceso, tanto perdiendo como ganando grandes sumas, hasta tal punto que el rey se preocupó y prohibió algunos de los juegos más arriesgados que se estaban tragando fortunas enteras. Y se ha rumoreado que cuando se le dijo que la gente de París no tenía pan, la reina María respondió: "Entonces que coman pastel". *1* Esta reina supo sacar el máximo provecho de su posición real.

Si bien María Antonieta representa un extremo, se sabe que muchos reyes y reinas disfrutan de los lujos de la realeza, ya sean bienes caros, los elogios de su pueblo o la obediencia a cada una de sus órdenes. En Mateo 27, se nos presenta un Rey, el Rey de Reyes, de hecho. Pero este rey no parece exigir los lujos de su posición. En cambio, Él soporta abusos y maltratos inmerecidos a manos de Sus súbditos para cambiar el curso de la historia humana para siempre.

Profundizando – Un Devocional de 30 Días

Gran Idea: *Cristo nuestro Rey sufrió el escarnio del hombre y el abandono del Padre para que pudiéramos recibir el perdón de Dios.*

El reinado de Jesús se reconoce en nuestro texto, pero en el contexto de la burla y el desprecio. Inicialmente, los guardias se burlan de Él en los versículos 28-29: *"Lo desnudaron y le pusieron un manto escarlata, luego trenzaron una corona de espinas y la pusieron sobre su cabeza. Le pusieron un bastón en la mano derecha. Entonces se arrodillaron frente a él y se burlaron de él. '¡Salve, rey de los judíos!', dijeron".*

A continuación, las multitudes en Su crucifixión se unen, como vemos en el versículo 42: *"A otros salvó, dijeron, ¡pero no puede salvarse a sí mismo! ¡Él es el rey de Israel! Que baje de la cruz, y creeremos en él'"*. (NVI) Incluso el letrero sobre la cabeza de Jesús: ESTE ES JESÚS, REY DE LOS JUDÍOS, tiene un tono de burla. Jesús, el Rey del Universo, se humilló más allá de lo imaginable por el bien de las mismas personas que lo ridiculizaban.

Perspicacia: *Cristo nuestro Rey tuvo una muerte vergonzosa, crucificado como un criminal común. Él se humilló a sí mismo y asumió el juicio que merecíamos, para que pudiéramos ser liberados.*

Pero de todo lo que Jesús soportó, lo peor no fue el rechazo de la gente, sino el rechazo del Padre, el que lo había enviado. Los versículos 45-46 dicen: *"Desde el mediodía hasta las tres de la tarde, las tinieblas cubrieron toda la tierra. A eso de las tres de la tarde, Jesús exclamó a gran voz: «Elí, Elí, ¿lema sebachthani?» (que significa 'Dios mío, Dios mío, ¿por qué me has abandonado?')"* Dios el Padre tuvo que darle la espalda a Cristo, porque para ese tiempo, los pecados del mundo fueron puestos sobre Él. 2 Corintios 5:21 lo describe así: *"Al que no conoció pecado, lo hizo pecado por nosotros, para que fuésemos hechos justicia de Dios en él".* (NASB)

El ridículo y el sufrimiento de Jesús terminan en el versículo 50: *"Y cuando Jesús clamó otra vez a gran voz, entregó su espíritu".* (NVI) ¿Por qué es esto importante para nosotros? Porque a través de todo este maltrato que Jesús recibió, y a través

Profundizando – Un Devocional de 30 Días

de la ofrenda de Su vida, ¡la muerte había sido vencida! El Cordero sin mancha, que ha quitado los pecados de los pecados del mundo, pagó el precio máximo por una humanidad perdida. Cristo hizo un sacrificio aceptable para cubrir nuestros pecados de una vez por todas, y para reconciliarnos con Dios el Padre. Debido a que Jesús soportó el ridículo de las personas y el rechazo del Padre, abrió un camino para restaurar nuestra relación con Dios. Y es por eso que Él es digno de ser llamado el Rey de Reyes.

Desafío: *¿Entiendo y aprecio lo que Jesús hizo en la cruz? ¿Cómo puedo vivir en gratitud hoy?*

Orar: *Dando gracias a Dios por la humillación que soportó para que yo fuera perdonado...*

Profundizando:

El versículo 34 nos dice que los soldados romanos le ofrecieron a Jesús vino mezclado con hiel. Algunas versiones usan la palabra mirra en lugar de hiel. La mirra, o hiel, era una especia derivada de las plantas nativas del desierto de Arabia y partes de África. A veces se daba vino con mirra a las víctimas de la crucifixión para amortiguar el dolor, y los soldados romanos se lo ofrecían a Jesús, aparentemente por lástima. Esto ocurrió para cumplir la profecía del Salmo 69:21: *"Pusieron hiel en mi comida y me dieron vinagre para mi sed"*. El versículo 35 añade que los soldados apostaron por la ropa de Jesús, en cumplimiento de la profecía que se encuentra en el Salmo 22:18: *"Se repartieron mis ropas entre ellos y echaron suertes por mi ropa".*

Devoción escrito por el Pastor Frank y Samuel Gervasi

1.   Adaptado de https://en.chateauversailles.fr/discover/history/great-characters/marie antoinette#una-reina-en-la-corte, consultado el 20/03/2025

#17 - Beneficios de un espíritu agradecido/alegre
Lea: *Filipenses 1:3-11*

"Doy gracias a mi Dios cada vez que me acuerdo de ti. 4 En todas mis oraciones por todos ustedes, siempre rezo con alegría.
Filipenses 1:3-4

En su libro, *The Hiding Place*, "Corrie Ten Boom relata un incidente que le enseñó a estar agradecida por cosas por las que normalmente no estaríamos agradecidos. Ella y su hermana, Betsy, prisioneras de los nazis, acababan de ser trasladadas al peor campo de prisioneros que habían visto hasta entonces, Ravensbrück. Al entrar en los cuarteles, los encontraron extremadamente hacinados e infestados de pulgas. Su lectura de las Escrituras de su Biblia de contrabando esa mañana........ les había recordado que siempre se regocijaran, oraran constantemente y dieran gracias en todas las circunstancias. Betsy le dijo a Corrie que se detuviera y agradeciera al Señor por cada detalle de su nueva vivienda. Al principio, Corrie se negó rotundamente a dar las gracias por las pulgas, pero Betsy persistió. Corrie finalmente accedió de alguna manera a agradecer a Dios por las pulgas. Durante los meses que pasaron en aquel campamento, se sorprendieron al descubrir que podían celebrar reuniones de estudio bíblico y de oración en su barracón sin interferencia de los guardias. Varios meses después se enteraron de que los guardias no entrarían al cuartel por las pulgas". *1*

El agradecimiento produce mucho en la vida de una persona: ver el bien, incluso cuando las circunstancias no justifican la alegría.

Profundizando – Un Devocional de 30 Días

Gran idea: Un espíritu agradecido y alegre producirá frutos espirituales y llevará a querer lo mejor de los demás.

_____

Una mentalidad de gratitud te llevará a querer lo mejor de los demás, especialmente de aquellos con los que estamos cerca. Porque revela algo importante sobre una persona que es agradecida y alegre, ese hijo de Dios que camina en el Espíritu y encuentra su gozo en Cristo, y que quiere ver cosas buenas en la vida de los demás. Que es exactamente lo que el apóstol Pablo quería para la iglesia en Filipos. De hecho, en los versículos 7-8 del pasaje de hoy dice: _"Es justo que me sienta así por todos vosotros, porque os tengo en mi corazón y, ya sea que esté encadenado o defendiendo y confirmando el evangelio, todos vosotros participáis de la gracia de Dios conmigo. 8 Dios puede dar testimonio de cuánto anhelo a todos ustedes con el afecto de Cristo Jesús. NIV_

Me encontré pensando que lo que el Apóstol oró por la iglesia en Filipos no es realmente algo común para la persona promedio. Sin embargo, para el apóstol Pablo y la iglesia de Filipos en Asia, es comprensible. Porque se decía que se trataba de una plantación de iglesias que fue ---junto con amigos suyos-- de su segundo viaje misionero. Y también fue la primera iglesia cristiana establecida en Europa. Entonces, tenía una profunda conexión y afecto por ellos, y quería ver a los mejores también.

_____

Perspicacia: Un espíritu alegre y agradecido debe producir fruto en nosotros mismos, pero también en los que nos rodean

_____

Además, si nos fijamos en los versículos 9-10, se mostraba algo del deseo del apóstol Pablo porque dice: _"Y esta es mi oración: que vuestro amor abunde más y más en conocimiento y en profundidad de entendimiento, 10 para que podáis discernir lo que es mejor y seáis puros e irreprensibles para el día de Cristo"._ Primero, fue el crecimiento en el amor, que es un creciente _"amor fraternal"_ entre sí y por los que los rodean. Pero no solo un poco, porque la idea detrás de la palabra es esta: _"exceder un número fijo de compases, quedar por encima de un cierto número o medida"._**2** A continuación, el crecimiento del conocimiento. El amor es más que este sentimiento pegajoso y blando de afecto por alguien. El amor siempre debe estar basado en la verdad. La idea aquí es _el amor correcto y preciso._ Luego, también el apóstol Pablo menciona el crecimiento en la

Profundizando – Un Devocional de 30 Días

perspicacia. Que la iglesia en Filipos creciera en discernimiento. Lo que implica *"percepción, no sólo por los sentidos sino por el intelecto"*. **2** De modo que, básicamente, crecerían en el amor, mientras usaban todos sus sentidos. Billy Graham señala que: *"Un espíritu de gratitud es una de las marcas más distintivas de un cristiano cuyo corazón está sintonizado con el Señor"*. **3**

Desafío: ¿Cuán *agradecido estoy hoy por aquellos que Dios ha puesto en mi vida? ¿Cómo puedo orar por las personas cercanas a mí?*

Orar: *Pidiéndole a Dios que me ayude a crecer en gratitud y alegría...*

Profundizando:

La alegría y el agradecimiento son rasgos y mentalidades que pueden ayudar a una persona de maneras inesperadas. De hecho, el apóstol Pablo escribió la carta a la iglesia de Filipos en una época en la que normalmente no se veía gozo. El apóstol Pablo estaba bajo arresto domiciliario cuando escribió esta carta. Así como varias otras cartas y epístolas conocidas como sus Epístolas de la Prisión. La vergüenza puede haber sido sentida y vista porque la gente en el mundo romano veía el encarcelamiento como algo vergonzoso.

La **Biblia de estudio de Zondervan Cultural Backgrounds** señala: *"1:7 'Te tengo en mi corazón'. Las cartas entre amigos a menudo enfatizaban que cada uno compartía las penas del otro. La defensa y vindicación de Pablo para el evangelio también tendría relevancia para su seguridad (véase la nota en el versículo 25). Estoy encadenado'. La mayoría de la gente se avergonzaba de estar asociada con alguien encadenado o bajo custodia del gobierno romano. Este podría ser particularmente el caso en Filipos, que enfatizó sus estrechos lazos con Roma, y donde Pablo ya había sido acusado públicamente de socavar el orden y las costumbres romanas de las que Filipos estaba particularmente orgulloso (Hch 16:20-22). **4***

Devoción escrito por el Pastor Frank y Samuel Gervasi

---

1. El escondite, Libros elegidos, 1971
2. Biblia Interlineal, https://www.biblestudytools.com, consultado el 10/04/2024)
3. Goodreads, www.goodreads.com, consultado el 20/03/2025.

Profundizando – Un Devocional de 30 Días

4. Biblia de Estudio Cultural de Zondervan, Bible Gateway Plus, www.biblegateway.com, consultado el 20/03/2025.

Profundizando – Un Devocional de 30 Días

#18 - Palabra a los Sabios
Leer: *1 Corintios 2:1-8*

"Mi palabra y mi predicación no fueron con palabras sabias y persuasivas, sino con demostración del poder del Espíritu, para que vuestra fe no descanse en la sabiduría humana, sino en el poder de Dios". **1 Corintios 2:4-5**

En 2004, una pintura de Anna Mary Robertson, más conocida como la abuela Moisés, fue llevada al Antiques Roadshow para su evaluación. Nacida antes de la Guerra Civil, Robertson no se dedicó a la pintura hasta tarde en su vida. Su estilo primitivo con el tiempo se hizo extremadamente popular, y su trabajo alcanzó un alto precio. El hombre que llevó la pintura a evaluar había vivido cerca y su madre era amiga de la abuela Moisés. Dijo: *"Ella era una maravillosa amiga de la familia. Y dejaba que mi madre comprara estos cuadros, que pensaba que tenían relativamente poco valor. Supongo que mi madre también. Probablemente compró ocho o diez cuadros en total, y supongo que por menos de diez dólares cada uno. 1* ¡La pintura que se compró por alrededor de $10 fue valorada en $60,000!

A veces, las cosas que Dios revela en Su Palabra como sabiduría parecen una tontería para el mundo. Valoramos algo de gran valor como si tuviera poco valor, porque los mandamientos de Dios parecen extremos, nos incomodan o incluso desafían el sentido común. Pero debido a que Dios es el origen de toda sabiduría, la sabiduría que Él ha revelado en Cristo siempre resultará superior a la sabiduría que la cultura respalda.

Profundizando – Un Devocional de 30 Días

Gran Idea: *Jesús es el centro y punto de partida de la sabiduría, por lo que debemos comenzar con Él si queremos adquirirla.*

_____

Nótese en nuestro pasaje que esta sabiduría con la que el apóstol Pablo presentó el Evangelio a los corintios era mal vista por la sabiduría de aquel tiempo: *"Sin embargo, nosotros hablamos un mensaje de sabiduría entre los maduros, **pero no la sabiduría de este siglo,** ni la de los gobernantes de este siglo, que se están desvaneciendo".* (NVI, énfasis añadido)

La *"sabiduría de este siglo"* es simplemente el entendimiento de una persona de Dios sin la ayuda del Espíritu Santo. Piensa en cómo la mente humana se ve afectada tan fácilmente por el autoengaño; Es fácil convencernos a nosotros mismos de que alguna idea o decisión es correcta, solo para terminar siendo incorrecta. En cambio, el apóstol Pablo confió en la sabiduría de Dios, *"un misterio que estaba escondido y que Dios destinó para nuestra gloria antes de los tiempos de los siglos"* (v. 7).

_____

La obra del Espíritu Santo es la sabiduría de Dios, y podemos confiar en cómo esa sabiduría se manifiesta y se nos revela a través de Él.

_____

¿Por qué confiamos en la sabiduría de Dios y no en la sabiduría del hombre? Porque Cristo es el centro de la verdadera sabiduría. Puesto que Dios es el creador y origen de todas las cosas buenas, incluida la sabiduría, no podemos experimentar toda su extensión sin Jesús como nuestro fundamento y punto de partida. El apóstol Pablo *"resolvió no saber nada... excepto a Jesucristo y a éste crucificado".* Pablo entendió que quién era Cristo y lo que Él enseñaba era todo lo que se necesitaba, y que la sabiduría del mundo no podía compararse. Y lo mismo es cierto para nosotros.

Proverbios 1:7 dice esto: *"El principio del conocimiento es el temor de Jehová, pero los necios menosprecian la sabiduría y la instrucción".* Que Jesús sea nuestro punto de partida hoy.

_____

Profundizando – Un Devocional de 30 Días

Desafío: *¿Dónde busco la sabiduría? ¿Cómo puedo crecer en la sabiduría de Dios?*

Orar: *Pedirle a Dios que me ayude a convertirlo en mi punto de partida para la sabiduría, y elegir obedecerlo incluso cuando no entiendo...*

Profundizando:

En el *Moody Bible Commentary,* Michael G. Vanlaningham señala cómo la sabiduría que se encuentra en Cristo está disponible para todos los que creen en Él: *"Maduro (v. 6) se refiere a todos los creyentes, no a unos pocos que son perspicaces. Es posible que con la palabra maduro Pablo se refiera a "cristianos maduros o espirituales" en oposición a los creyentes carnales, pero solo hay dos categorías de personas que se encuentran en 2:1-14, a saber, aquellos que son puramente seculares. y los que son cristianos (ver los muchos pronombres y verbos en primera persona que se encuentran [en el pasaje] aquí). Además, es muy poco probable que Pablo ocultara las verdades espirituales relacionadas con Cristo a los creyentes inmaduros. Maduro aquí es el término que usó para la categoría de todos los que creen en Jesucristo frente al mundo".* **número arábigo**

Devoción escrito por el Pastor Frank y Samuel Gervasi

---

1. Antiques Road Show, https://www.pbs.org/show/antiques-roadshow, consultado el 20/03/2025.
2. Comentario bíblico de Moody, Moody Publishers, Chicago, 2014

Profundizando – Un Devocional de 30 Días

#19 - Sumisión Bíblica en el Hogar
Leer: ***Efesios 5:21-6:4***

_____

"Sométanse los unos a los otros por temor a Cristo". ***Efesios 5:21***

_____

Los cinturones de seguridad pueden ser una molestia. Algunas personas simplemente no quieren ser molestadas incluso cuando la ley les exige que se abrochen el cinturón. Según Associated Press, un neozelandés llamado Ivan Segedin lo llevó al extremo.

"La policía lo multó 32 veces durante cinco años por no usar el cinturón de seguridad. A pesar de que esto le estaba costando mucho dinero, Segedin se negó a abrocharse el cinturón. Finalmente, en lugar de obedecer la ley, el hombre decidió confiar en el engaño. Hizo un cinturón de seguridad falso que colgaba de su hombro e hizo parecer que llevaba puesto el cinturón de seguridad cuando no lo estaba. Su truco funcionó por un tiempo. Luego, tuvo una colisión frontal. Lo lanzaron hacia adelante sobre el volante y lo mataron". **1**

Las decisiones que tomamos pueden tener graves consecuencias. Dios ha detallado las normas para las estructuras de las familias en la Biblia también para asegurar problemas mínimos.

_____

Gran idea: ***Las familias tienen responsabilidad entre sí y con los demás miembros de ese hogar***

_____

Profundizando – Un Devocional de 30 Días

Todas las familias tendrán una característica importante, evidente en su estructura. Especialmente, si han de tener éxito y producir fruto, eso es consistente con el plan de Dios para ellos. Si cada persona de una familia no comprende esta estructura, no tendrá una base sólida sobre la cual apoyarse o tener éxito.

En el pasaje de hoy, el apóstol Pablo, en su carta a la iglesia de Éfeso, estaba dando normas bíblicas para los hogares cristianos.

En el versículo 21 dice: *"Sométanse los unos a los otros por temor a Cristo".* Darnos un estándar de dos partes que es importante. En primer lugar, esta es la idea de sumisión. Y desde un punto de vista gramatical, significa literalmente: *"arreglar debajo, subordinar".* Sin embargo, también se usa como un término militar griego que significa: *"organizar [divisiones de tropas] de manera militar bajo el mando de un líder".* **número arábigo**

Además, la sumisión tenía un tercer uso de manera no militar: *"una actitud voluntaria de ceder, cooperar, asumir responsabilidades y llevar una carga".* **2** Así que, en esencia, el apóstol Pablo estaba insinuando que las familias estaban estructuradas bíblicamente de esa manera. Cada uno tiene roles y expectativas claramente definidos en un orden particular.

Perspectiva: *En última instancia, una familia cristiana tiene una responsabilidad ante Cristo mismo.*

Sin embargo, además de eso, el segundo aspecto de la sumisión está realmente arraigado en la razón por la que se supone que debemos someternos unos a otros. ¡Y eso es por culpa de Cristo mismo! Si miramos la segunda parte del versículo 21, él dice: *"Por temor a Cristo".* Con parte de eso, reconocer que Cristo nos está dando la mejor manera de vivir exitosamente como familias. Siguiendo los patrones establecidos en la Biblia, incluyendo este pasaje de hoy. *¿Cómo puede funcionar correctamente una familia si todos tienen diferentes metas y se mueven en diferentes direcciones?*

Profundizando – Un Devocional de 30 Días

Desafío: *¿Cómo podemos ser el mejor miembro de la familia donde Dios nos ha colocado? ¿Me estoy sometiendo en reverencia a Cristo?*

Orar: *Pedirle a Dios que me ayude a ser el mejor miembro de la familia que pueda ser, por el bien de mi familia y de Cristo...*

Profundizando:

Cualquiera que sea nuestro papel en la familia, debemos entender la sumisión y ceder los unos a los otros para que funcione sin problemas. La **Biblia de Estudio NKJV Wiersbe** dice:

"Es solo a través del poder del Espíritu Santo que podemos caminar en armonía......la unidad del pueblo de Dios que Pablo describió (4:1-16) debe traducirse en la vida diaria si queremos disfrutar de la armonía que es un anticipo del cielo en la tierra. Si nuestros hogares han de ser un cielo en la tierra, entonces debemos ser controlados por el Espíritu Santo". **3**

Devoción escrito por el Pastor Frank y Samuel Gervasi

-----

1. https://www.sermoncentral.comhttps//www.sermoncentral.com/sermon-illustrations/70702/fake-seatbelts-and-submission-by-sermon-central, consultado el 13/10/2024)
2. Biblia Interlineal, biblestudytools.com, consultado el 20/03/2025.
3. NKJV Biblia Wiersbe, Derechos de autor 2021, Thomas Nelson.

Profundizando – Un Devocional de 30 Días

#20 - Dejar ir
Leer: *__Efesios 5:22-24__*

"Esposas, sométanse a sus propios maridos como lo hacen al Señor". **Efesios 5:22**

Según Associated Press, el 14 de diciembre de 1996, un carguero de granos de 763 pies se dirigía por el Mississippi en Nueva Orleans, Luisiana, cuando perdió el control, se desvió hacia la costa y se estrelló contra un centro comercial junto al río. En ese momento, el centro comercial Riverwalk Mall estaba abarrotado con unos 1.000 compradores, y 116 personas resultaron heridas. Después de investigar el accidente durante un año, la Guardia Costera informó que el carguero había perdido el control porque el motor se había apagado. El motor se había apagado debido a la baja presión de aceite. La presión del aceite era baja debido a un filtro de aceite obstruido. Y el filtro de aceite estaba obstruido porque la tripulación del barco no había podido mantener el motor correctamente". 1

A veces, si algo se gestiona y se ejecuta de una manera para la que no fue diseñado, los errores más pequeños pueden tener consecuencias desastrosas.

Gran idea: Las *esposas tienen la responsabilidad, de acuerdo con la estructura de Dios, de que la familia se someta al liderazgo de sus esposos.*

Versículos como el que leemos hoy en día se han convertido en tabú en la cultura moderna. Y hasta cierto punto, es fácil ver por qué. Este pasaje ha dado origen a enseñanzas equivocadas, deseos egoístas de control y resistencia al

Profundizando – Un Devocional de 30 Días

principio en cuestión. Sin embargo, el hecho de que este pasaje haya sido malinterpretado no anula ni anula las funciones de Dios para el hogar cristiano.

Quizás el calificativo en el versículo 22 – *".. como lo haces al Señor",* nos ayuda a entender la sumisión tal como Dios la concibió. Cuando nos sometemos a Cristo, Él no se aprovecha de nosotros. No nos trata como a un don nadie insignificante. Él no nos trata como Sus esclavos. Más bien, somos de valor infinito para Dios, y el propósito de la vida, el ministerio y la muerte de Jesús fue *"... es por **la libertad** que Cristo os ha hecho libres".* (Gálatas 5:1; cursiva agregada)

———————————

__Perspectiva__: La presentación debe ser extensa y completa. Al final, la dirección final de la unidad familiar debe ser la dirección hacia la que se dirija el marido.

———————————

Entonces, ¿qué es la sumisión bíblica? La sumisión bíblica es ver al esposo como responsable y actuar en consecuencia. Al final, cada esposo y padre rendirá cuentas de la clase de mayordomos que fueron de sus familias en la Tierra. Los esposos deben liderar de una manera que salve y redima a sus familias y las valore como las segundas después de Cristo. Y la esposa debe fortalecer y apoyar a su esposo en el cumplimiento de ese papel, no obrar en contra de él.

———————————

__Desafío:__ ¿Cuál es el papel familiar que Dios tiene para mí? ¿Cómo puedo crecer en el cumplimiento de ese rol?

__Orar:__ Pedirle a Dios que me ayude a someterme y confiar en Su soberanía en la dirección de mi familia...

———————————

__Profundizando:__

El **Diccionario de Temas Bíblicos** define la palabra *sumisión* de la siguiente manera:

Profundizando – Un Devocional de 30 Días

"Una actitud humilde en la que la obediencia se presta dentro de una relación; ya sea a Dios, a las autoridades o a otras personas en el trabajo, en la iglesia, en el matrimonio o en la familia". **número arábigo**

———————

Devoción escrito por el Pastor Frank y Samuel Gervasi

———————

1. Tomado de https://sermoncentral.com/sermon-illustrations/9589/losing-control-one-mistake-at-a-time-by-john-williams-iii, consultado el 20/03/2025.
2. Diccionario de Temas Bíblicos, Bible Gateway Plus, www.biblegateway.com, consultado el 20/03/2025.

#21 - Esposos que lideran en el amor
Leer: *Efesios 5:25-33*

_____

"Maridos, amad a vuestras mujeres, así como Cristo amó a la iglesia y se entregó a sí mismo por ella". **Efesios 5:25**

_____

La idea de que tenemos el cónyuge ideal ha demostrado ser popular en nuestra cultura. dijo una fuente. *"Entre los adultos jóvenes en los EE. UU. Una encuesta de 2011 encontró que el 73% de los estadounidenses creía en un alma gemela, la idea de que "dos personas están destinadas a estar juntas", y el 80% de los menores de 30 años tenían esta opinión. Sin embargo, para aquellos que buscan un alma gemela, lo que importa son las habilidades emocionales y la capacidad de despertar una química romántica o sexual. Se supone que estas cualidades ponen a los hombres y mujeres en el camino hacia lo que ven como los bienes primarios del matrimonio: la intimidad, la autoexpresión y la autorrealización"* **1**

Lo cual puede ser cierto con muchas variables que pueden hacer el matrimonio ideal. Sin embargo, Dios ha detallado claramente el papel del esposo, dándoles pautas a seguir.

_____

Gran idea: Los *esposos tienen responsabilidad con sus esposas, tratándolas con cuidado y respeto.*

_____

En la devoción de hoy, continuando en nuestro enfoque familiar, descubrimos el papel del esposo. En Efesios 5, donde el apóstol Pablo estaba dando más instrucciones a las familias, se dirige al esposo. El uso de la palabra fuerte

Profundizando – Un Devocional de 30 Días

"responsabilidad" da una imagen de compromiso y deliberación. Y el compromiso y la deliberación son el trato favorable y digno, de nuestros cónyuges. No estoy hablando de perfecto, ni digo que las parejas no tengan sus diferencias, pero al final el trato es de respeto. En los versículos 25-27 dice: *"Maridos, amad a vuestras mujeres, así como Cristo amó a la iglesia y se entregó a sí mismo por ella para santificarla, purificándola lavándola con agua por medio de la palabra, y para presentársela a sí mismo como una iglesia radiante, sin mancha ni arruga ni mancha alguna, sino santa e irreprensible".* Veamos cómo el apóstol Pablo nos da tres ejemplos diferentes de lo que podría implicar el amor de un esposo por su esposa.

Primero, un *amor sacrificial* y uno que honra a su cónyuge, con un respeto profundo y reverente hacia ella. Probablemente lo contrario de lo que a veces se ve en nuestra cultura. Quiero decirles que me molesta cuando veo a la gente hablar de sus esposas en un tono negativo, compartiendo cosas sobre ellas con compañeros de trabajo que son degradantes. He escuchado a la gente hablar de sus esposas de alguna manera irrespetuosa, y he pensado, ¿qué estás haciendo? ¡Es grosero y contraproducente para cualquier cosa buena! Piense en la comparación que se usa de *"Cristo y la iglesia, santos, sin mancha y sin mancha".*

En segundo lugar, el apóstol Pablo habla de un *amor respetuoso* porque aquí, en el versículo 28, la Biblia dice que está bien amarse a sí mismo. *"De la misma manera, los maridos deben amar a sus esposas como a sus propios cuerpos. El que ama a su mujer, se ama a sí mismo. Después de todo, nadie ha odiado nunca su propio cuerpo, pero se alimentan y cuidan de su cuerpo".* Aunque las palabras invocan una motivación egoísta, en realidad es una de mayordomía y cuidado de uno mismo. Y, si somos honestos, todos sabemos cómo cuidar y respetar nuestro propio cuerpo. *Entonces, pone las cosas en perspectiva, ¿no?*

Perspectiva: Los esposos deben amar a sus esposas con un amor sacrificado, respetuoso y unificado

---

Finalmente, un *amor unificado* es aquel que está trabajando junto con tu cónyuge, y ambos están moviendo a la familia en la dirección que es mejor para su familia. Porque en el versículo 31 dice: *"Por esto dejará el hombre a su padre y a su madre y se unirá a su mujer, y los dos serán una sola carne".* Implicando algo

Profundizando – Un Devocional de 30 Días

importante como, no lo que es mejor para tu madre o tu padre, o lo que ellos harían. Es tu familia, y debe estar formada para que ambos trabajen. Sin embargo, eso no quiere decir que no tengas nada que ver con ellos, o que los padres no puedan dar algunas ideas valiosas. Especialmente porque conocen a sus hijos y lo que podría ayudar. Pero en última instancia, viviendo sus propias vidas, como marido y mujer. El apóstol Pablo estaba haciendo una referencia cruzada a Génesis 2:24 donde Dios estaba ordenando el matrimonio en primer lugar.

———————————

Desafío: *¿Estoy amando a mi esposa como Cristo lo hizo con la Iglesia? ¿O la estoy tratando como un felpudo insignificante?*

Oración: *Pedirle a Dios que me ayude a mostrar un amor sacrificial, respetuoso y unificado a mi esposa...*

———————————

Profundizando:

La **Biblia de Liderazgo Maxwell de la NKJV define** la frase *liderazgo en el hogar* de la siguiente manera: *"Al contrario de lo que muchos enseñan, el liderazgo en el hogar no se trata de poder o control. Pablo pide sumisión mutua (Efesios 5:21) y llama a los esposos a ser figuras de Cristo (5:23-25). ¿Y cómo guió Cristo a la iglesia? Él proveyó, enseñó, lloró, sanó y murió en una cruz. El liderazgo espiritual significa renunciar a ti mismo por otra persona (5:25). Significa asumir la responsabilidad de la salud y el desarrollo de sus relaciones".* **número arábigo**

———————————

Devoción escrito por el Pastor Frank y Samuel Gervasi

———————————

1. Adaptado de https://www.preachingtoday.com/illustrations/2024/october/myth-of-perfect-soulmate.html, consultado el 20/10.2024.
2. NKJV Maxwell Biblia de Liderazgo. Derechos de autor © 2002, 2007, 2018 por Maxwell Motivation, Inc.

Profundizando – Un Devocional de 30 Días

#22 - La parte de los niños
Leer: *__Efesios 6:1-4__*

"Hijos, obedezcan a sus padres en el Señor, porque esto es justo". **Efesios 6:1**

Cada año, entre el 29 de enero y el 15 de abril, las personas comienzan el tedioso trabajo de presentar sus impuestos. *"Un componente central de la temporada de impuestos es reclamar exenciones de ciertos cargadores. Y algunas de las cosas que la gente ha tratado de reclamar como exenciones fiscales a lo largo de los años pueden ser cómicas desde nuestro punto de vista. Por ejemplo, un hombre trató de suavizar el golpe de pagar la boda de su hija invitando a algunos de sus clientes de negocios y descartando la boda como entretenimiento de negocios. Otros, en más de una ocasión, han tratado de descartar a su perro o gato como dependiente. Además, una familia construyó un refugio apocalíptico cerca de su casa y trató de reclamarlo como medicina preventiva. Obviamente, todas estas afirmaciones fueron denegadas".* **1**

En semanas anteriores, hemos discutido los roles familiares de ambas esposas y esposos. Pero algunos de nosotros no somos ni lo uno ni lo otro. Tales personas pueden tratar *de eximirse* a sí mismas de las pautas dadas en Efesios 5-6, como la exención de impuestos. Pero todos nosotros somos niños. Y, por lo tanto, todos tenemos un papel dado por Dios para honrarlo en nuestras familias.

***Gran idea:** Los niños tienen la responsabilidad de obedecer a sus padres si quieren la bendición de Dios.*

Profundizando – Un Devocional de 30 Días

En nuestro pasaje de hoy, el apóstol Pablo se dirige a los niños de Éfeso y a su papel en una estructura familiar cristiana. Los versículos 1-2 nos dicen: *"Hijos, obedeced a vuestros padres en el Señor, porque esto es justo. ' Honra a tu padre y a tu madre', que es el primer mandamiento con una promesa, 'para que te vaya bien y disfrutes de una larga vida en la tierra'".* (NVI) Ahora, sería fácil notar la frase *"Obedece...**en el Señor**"* (énfasis añadido) e intentar reclamar otra exención. No todos tenemos padres que están "en el Señor". Algunos de nosotros tenemos padres que no conocen a Dios y no siguen Su Palabra, o bien tenían defectos en su estilo de crianza.

Es importante tener en cuenta que todos los padres son ordenados por Dios y fueron elegidos por Él para criarnos. Nadie puede elegir a su familia de origen, ese papel está reservado solo para Dios, y Él no comete errores. Aun así, debemos obedecer a nuestros padres, porque ellos son mayores y más sabios que nosotros. Fueron escogidos a dedo por Dios para moldearnos en lo que Él quería que fuéramos.

__Perspicacia:__ Una persona no deja de obedecer a sus padres cuando se convierte en adulto. Todos nosotros, sin importar nuestra edad, estamos llamados a tratar a nuestros padres con respeto, escuchar sus consejos y, siempre que se alineen con las Escrituras, aplicarlos a nuestras vidas.

Finalmente, miremos hacia atrás a la promesa que se nos da en el versículo 2 si obedecemos: *"... Puede que te vaya bien y que disfrutes de una larga vida en la tierra".* Este versículo nos muestra que esta es una relación de causa y efecto. Si nos sometemos a la Palabra de Dios y aceptamos el papel que Dios nos ha dado en el hogar, obtendremos los mejores resultados en nuestras familias. Cualquiera que sea el papel que Dios nos haya dado en el hogar, podemos estar seguros de que Dios tiene una estructura y un modelo de cómo honrarlo en ese papel. ¡Y siempre será la mejor manera!

Desafío: ¿Cuál es el papel familiar que Dios tiene para mí? ¿Cómo puedo crecer en el cumplimiento de ese rol? ¿Cómo puedo respetar a mis padres hoy?

Oración: Pedirle a Dios que me ayude a respetar y obedecer a mis padres...

Profundizando:

En conclusión de nuestro enfoque de dos semanas en los roles familiares bíblicos, la **Biblia de Estudio de Teología Bíblica NVI** señala la importancia de que Cristo sea el centro de nuestras familias, y proporciona la clave para aplicar estos versículos a nuestras vidas: *"Después de instruir a los creyentes cómo vivir dignamente de su llamado dentro de la comunidad de fe (4:17-5:20), Pablo les instruye cómo vivir dentro del hogar. El enlace entre estas dos secciones es 5:21; la sumisión que se pide en las instrucciones para el hogar **depende de estar 'llenos del Espíritu'** [énfasis agregado] (5:18; véase la nota allí). Estas instrucciones difieren principalmente de los códigos grecorromanos tradicionales al presentar a Cristo como el verdadero jefe de la familia. El orden dentro de estos códigos refleja cómo el hogar cristiano debe obrar en la unidad de Cristo sobre todas las cosas".*

Devoción escrito por el Pastor Frank y Samuel Gervasi

---

1. Adaptado de https://turbotax.intuit.com/tax-tips/fun-facts/7-of-the-craziest-illegal-tax-deductions-ever-claimed/L3ZElWEFZ, consultado el 20/03/2025.
2. NVI Biblia de Estudio de Teología Bíblica. Derechos de autor © 2019 por Zondervan.
3.

Profundizando – Un Devocional de 30 Días

Profundizando – Un Devocional de 30 Días

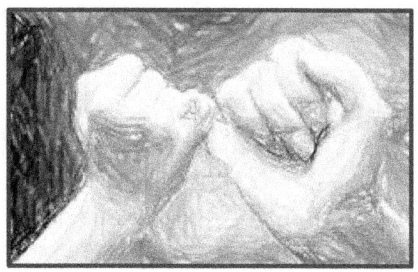

23 - Prometo #1
Lea: *Génesis 28:11-15*

"Yo estoy con vosotros y os cuidaré dondequiera que vayáis, y os haré volver a esta tierra. No te dejaré hasta que haya hecho lo que te he prometido". **Génesis 28:15**

"Una noche de tormenta, una pareja de ancianos entró en el vestíbulo de un pequeño hotel y pidió una habitación. El empleado dijo que estaban llenos, y que probablemente encontrarían también todos los hoteles de la ciudad. Pero no puedo mandar a una buena pareja como tú a la lluvia. ¿Estarías dispuesto a dormir en mi habitación? La pareja dudó, pero el empleado insistió.

A la mañana siguiente, cuando el hombre pagó su cuenta, le dijo: "Eres el tipo de hombre que debería administrar el mejor hotel de los Estados Unidos. Algún día te construiré uno'. El empleado sonrió cortésmente. Unos años más tarde, el empleado recibió una carta que contenía un billete de avión; la carta lo invitaba a visitar Nueva York. Cuando llegó el empleado, su anfitrión lo llevó a la esquina de la 5ª Avenida y la calle 34, donde se alzaba un magnífico edificio nuevo. 'Ée', explicó el hombre, 'es el hotel que he construido para que lo administres'". El anciano no había olvidado la promesa que le había hecho al escribano. "El nombre del empleado era William Waldorf Astor, y el hotel era el Waldorf-Astoria original". 1

Hoy comienza nuestra serie de devocionales sobre la vida de Jacob. Mirando las promesas de Dios.

Gran idea: _Dios tiene que hacer la promesa primero antes de que podamos reclamarla como nuestra._

En nuestro pasaje de hoy, vemos una importante promesa de Dios. Dada específicamente a Jacob y sus descendientes. Sin embargo, Dios hace promesas a sus hijos a menudo en la vida. Sin embargo, una persona no siempre puede reclamar cada promesa hecha en las Escrituras a nuestra propia situación. Aunque la gente lo hace a menudo, no es necesariamente algo bueno. Porque algunos son específicos de un grupo o de un individuo en las Escrituras con mayor frecuencia, aunque podamos tener cosas en común que podemos aplicar.

En la lectura de hoy el encuentro y la promesa fue para Jacob, mientras estaba en su viaje, sabemos por el texto que se detiene por la noche estando cansado. Y luego vemos en el versículo 11 _"que toma una piedra para recostar su cabeza"._ Lo que puede no haber sido el entorno más cómodo. Sin embargo, no hay que olvidar que Jacob huyó a toda prisa. _A veces parece que Dios elige los momentos en que estamos más receptivos a escucharlo._

Además, Jacob se encuentra con Dios en un sueño que iba a cambiar su vida a partir de ese momento. En el versículo 12 dice: _"Tuvo un sueño en el que vio una escalera que descansaba sobre la tierra, y cuya cima llegaba hasta el cielo. Y los ángeles de Dios subían y bajaban sobre ella"._

Ahora, en este pasaje debemos ver algunos antecedentes que nos pueden ayudar. Porque lo que sucedía era que Jacob acababa de huir de su casa ---y había corrido para alejarse de su hermano Esaú ---temiendo por su vida.

Si conoces la historia, Jacob había hecho algunas cosas deshonestas y engañosas en su vida. De hecho, fue llamado _el Engañador_ (Génesis 25:26), lo cual era característico de su naturaleza en ese momento. Porque había engañado a su hermano Esaú y a Isaac por algunas cosas importantes, a saber, dos. Su primogenitura y la bendición de Isaac, las cuales estaban reservadas para el hijo mayor y no para el menor, _(Génesis 25:28-34)._ Ahora bien, se le quitó la primogenitura a un plato de guiso que Esaú quería y se lo entregó de buena gana a Jacob, después de haber regresado de cazar todo el día. Y la bendición de Isaac fue tomada haciéndose pasar por Esaú y engañando a su anciano padre, cuya vista se había deteriorado. *(Génesis 27)* Y, cuando Esaú se enteró de lo que había sucedido, se molestó y Jacob huyó a Harán para vivir con un tío, lo que nos lleva a nuestra historia actual.

Pero entonces le hace una poderosa promesa a Jacob, ¿no es así? *"Yo soy el Señor, el Dios de tu padre Abraham y el Dios de Isaac".* Las mismas promesas que hizo antes a ambos individuos, Abraham e Isaac. Y lo estaba reafirmando de nuevo aquí. Y la promesa en sí estaba reservada para sus descendientes porque era una promesa para una tierra específica que todavía se disputa hasta el día de hoy.

Perspicacia: Si Dios nos ha hecho una promesa, debemos aplicarla en nuestras vidas lo mejor que podamos.

Finalmente, Dios hará lo que sea necesario para llamar nuestra atención en la vida. Quizás, por alguna decisión importante que estamos a punto de tomar. Tal vez, se trata de un nuevo trabajo por el que lo has estado buscando, ---o una relación en la que te encuentras y no sabes cómo proceder con ella. Si ese es tu objetivo en primer lugar. O tal vez se trata de una nueva área de tu vida que está a punto de cambiar, y Él realmente quiere llamar tu atención.

Lo que sea que Dios prometa, Él se asegurará de que suceda. Y depende de que Dios lo vea, no nosotros. *Charles Stanley* dice que: *"Dios siempre estará con nosotros y cumplirá todas sus promesas para nosotros, incluso cuando pasemos por las tormentas de la vida. Cuando nos preguntamos si Él está allí, ¡Él está!"* **número arábigo**

Desafío: ¿Cuál es la promesa que Dios tiene para mí? ¿Cuál es la mejor manera de aplicarlo a mi situación?

Orar: Pedirle a Dios que nos ayude a confiar plenamente en Sus promesas siempre...

Profundizando:

Profundizando – Un Devocional de 30 Días

La **Biblia de estudio de la gracia y la verdad de la NVI** con respecto a Génesis 28:10-17: *"El autor retrocede para describir una escala particular en el viaje de Jacob de Beerseba a Harrán. A los dos o tres días de viaje, Jacob se detiene en un lugar llamado Luz, ubicado a unas 60 millas de Beerseba. Irónicamente, la primera vez que Jacob realmente se despertará es cuando se vaya a dormir, porque es en la quietud de la inactividad que escucha a Dios. Este es el segundo sueño de la Biblia en el que alguien experimenta explícitamente una revelación de Dios (cf. 20,3). Jacob sueña con una escalera al cielo en la que los ángeles descienden y ascienden, siguiendo sus instrucciones del Señor, que está en lo alto de la escalera. La escalera se parece más a una rampa que a una escalera, asemejándose a la estructura de la torre de Babel, que los humanos rebeldes construyeron para unir el cielo con la tierra. En un acto de gracia, Dios mismo da la promesa abrahámica directamente a Jacob. Ahora, por primera vez, Dios se llama a sí mismo no sólo el Dios de Abraham, sino también el Dios de Isaac. A pesar de todo, también será el Dios de Jacob. Cuando Jacob despierta, el asombro lo abruma. Las palabras traducidas como "temible" y "temible" (28:17) provienen de la misma palabra hebrea que significa temor. Juntos capturan la impresionante experiencia de una criatura que llega a la presencia de su Creador. Jacob responde que este lugar es significativo porque no es otro que la casa de Dios ("Betel") y la puerta del cielo, el lugar donde el cielo y la tierra están unidos. Jesús eventualmente servirá como un puente entre el cielo y la tierra (Jn 1:51), llevando finalmente la historia de la Biblia a una unidad completa (Ap 21:3). 3*

Devoción escrito por el Pastor Frank y Samuel Gervasi

---

1. www.sermoncentral.com/sermonillustrations/77498/astor-s-promise-by-gordon-curley, consultado el 27/10/2024.
2. Biblia de Aplicación de Vida Charles Stanley, Bible Gateway Plus, www.biblegateway.com, consultado el 20/03/2025.
3. Biblia Gracia y Verdad, Bible Gateway Plus, www.biblegateway.com, consultado el 20/03/2025.

Profundizando – Un Devocional de 30 Días

#24 - Lo prometo #2
Leer: Génesis *28:13-17*

_____

"Tenía miedo y dijo: '¡Qué maravilloso es este lugar! Esta no es otra que la casa de Dios; Esta es la puerta del cielo'". **Génesis 28:17**

_____

Hay una historia sobre "una enfermera que vive en el Reino Unido. En el centro de salud donde trabaja, hay un paciente con demencia con el que la enfermera almuerza a diario. *El único problema es que siempre tiene miedo de que no vuelva. Que la olvidaré*, dijo Elizabeth..... Entonces, un día, Elizabeth le escribió una nota a esta paciente, prometiéndole que se acordaría de almorzar con ella y no la olvidaría. La paciente tomó esta nota y la colocó en su habitación. Y en los días y semanas que siguieron, esta paciente miraba la nota y recordaba la promesa que se había hecho si se olvidaba y comenzaba a preocuparse". **1**

El domingo pasado, comenzamos a enfocarnos en la vida de Jacob y las promesas de Dios para él. Hoy veremos la importancia de recordar las promesas de Dios, al igual que la anciana que miró la nota y recordó la promesa que se le hizo.

_____

Gran idea: _A veces debemos reflexionar sobre las promesas de Dios para solidificarlas aún más en nuestros corazones._

_____

Profundizando – Un Devocional de 30 Días

En los versículos 16 y 17, vemos a Jacob despertar de su visión de la escalera, en la que Dios había prometido bendecir a Jacob y a sus descendientes y estar con él. Y obviamente podemos ver que toda esta secuencia de eventos tiene a Jacob un poco asustado: *"Cuando Jacob despertó de su sueño, pensó: 'Ciertamente el Señor está en este lugar, y yo no me daba cuenta'. **Tenía miedo**..."* (Génesis 28:16-17a; NVI; énfasis añadido)

La palabra *miedo* es interesante y llama nuestra atención, porque lleva consigo algunos significados diferentes. Implica una combinación de espanto y alarma, y temor reverencial. Esta combinación nos muestra que Jacob estaba plenamente consciente de que el Dios del universo, y el Dios de sus propios antepasados, le habían hablado directamente a él.

Perspicacia: **Dios es omnipresente, siempre está en todas partes, y esto debería llevarnos a sentirnos más asombrados por Él y a confiar aún más en Él para cumplir Sus promesas a nosotros.**

Algunas personas han descrito estos versículos como la experiencia de conversión de Jacob, cuando finalmente deja de huir del plan de Dios para Su vida y comienza a servir al Señor como a su propio Dios. Casi todos nosotros podemos recordar el día de nuestra propia conversión, y la forma en que nos hace reflexionar sobre lo que Dios ha hecho y cómo nos ha hablado.

Reflexionar y darnos cuenta de quién es Dios nos ayuda a creer en las promesas que Él hace, y recordar lo que Él ha hecho en el pasado nos ayuda a seguir creyendo cuando la espera se hace larga. Jacob hizo estas cosas, y le ayudaron a entender la promesa que Dios le había dado. Y nosotros deberíamos hacer lo mismo.

Josh McDowell dijo lo siguiente: *"Saber que Dios es fiel, realmente me ayuda a no dejarme cautivar por la preocupación. Pero sabiendo que Él hará lo que ha dicho. Él hará que suceda, lo que sea que haya prometido, pensando en ello, entonces hace que yo esté menos involucrado en preocuparme por una situación".* **número arábigo**

Profundizando – Un Devocional de 30 Días

Desafío: _¿En qué promesas de Dios necesito reflexionar? ¿Qué promesas debo recordar?_

Orar: _Pedirle a Dios que me ayude a recordar Sus promesas y a solidificarlas en mi mente..._

Profundizando:

La Guía para el **Estudio Bíblico Wycliffe** define la palabra _promesa_ de la siguiente manera: _"Aunque de vez en cuando se refiere a la palabra de un hombre. El uso característico de "promesa" en las Escrituras se refiere a lo que Dios declara que llevará a cabo... La primera gran promesa de Dios al hombre se encuentra en Génesis 3:15 inaugurando la sucesión que, con creciente claridad y detalle hasta la anunciación, habla de la venida del Mesías-Libertador. Una amplia gama de promesas está conectada más o menos directamente con esta promesa central, incluyendo el nuevo pacto (Jer 31:31-34), el derramamiento del Espíritu (Joel 2:28 s), la restauración de Israel (Deuteronomio 30:1-5), y finalmente, nuevos cielos y nueva tierra (Is 65:17; 66:22)... El término técnico_ **epangelia** _, entonces, designa todo el compromiso misericordioso de Dios, expresado especialmente a Abraham [y transmitido a Jacob], para realizar su plena obra redentora en el Mesías, en quien 'todas las promesas de Dios son sí y amén' (II Corintios 1:20)"._ **3**

Devoción escrito por el Pastor Frank y Samuel Gervasi

---

1. Adaptado de https://becauseisaidiwould.org/i-will-come-back-for-lunch/; consultado el 29/10/24.
2. Josh McDowell, https://www.goodreads.com/author/quotes/4314.Josh_McDowell, consultado el 29/10/2024.
3. Wycliffe Bible Dictionary, por Charles F. Pfeiffer, Howard F. Vos y John Rea. Copyright © 1999 por Hendrickson Publishers. Todos los derechos reservados.

Profundizando – Un Devocional de 30 Días

#25 - Monumentos conmemorativos en contexto
Leer: Génesis *28:16-19*

"Llamó a ese lugar Betel, aunque la ciudad solía llamarse Luz". **Génesis 28:19**

El Cementerio Nacional de Arlington es el cementerio nacional de los Estados Unidos en el condado de Arlington, Virginia, en el río Potomac, justo enfrente de Washington, D.C. El cementerio ocupa actualmente 612 acres. El primer soldado enterrado (13 de mayo de 1864) en la plantación de Lee era un prisionero confederado que había muerto en un hospital local. Otros sesenta y cuatro soldados también fueron enterrados ese día, incluidos algunos en el jardín de rosas de la finca, y a finales de 1864 más de 7.000 soldados habían sido enterrados. Posteriormente, el cementerio se convirtió en el cementerio de las víctimas de todas las guerras de los Estados Unidos desde la Revolución Americana. Soldados y civiles prominentes han sido enterrados en Arlington desde entonces, sirviendo como un monumento para recordarlos. " **1**

Recientemente, comenzamos a enfocarnos en la vida de Jacob y las promesas de Dios para él. Hoy, veremos la importancia de recordar las promesas de Dios y los encuentros clave que las personas tienen con Él mediante el uso de memoriales.

Gran idea: *Los recordatorios son útiles, si nos llevan a una apreciación más profunda de Dios mismo.*

Profundizando – Un Devocional de 30 Días

Los recordatorios están bien, si nos llevan a una mayor reverencia a Dios y nos acercan más a Él. Porque, en esencia, la creación de recordatorios es una forma de conmemorar el evento en sí. Oportunidades para pensar y reproducir el encuentro en nuestras mentes. Y es algo bueno en la mayoría de los casos, si nos lleva a una apreciación más profunda sobre las promesas y Dios.

En el caso de Jacob, él hace un par de cosas importantes pero diferentes, ¿no es así? Veamos el versículo 18: *"A la mañana siguiente, Jacob muy de mañana, tomó la piedra debajo de la cual había puesto su cabeza, la erigió como columna y derramó aceite sobre ella. Llamó a ese lugar Betel, aunque la ciudad solía llamarse Luz"*. Fíjate en cómo hace tres cosas diferentes para ayudar a recordar también. Primero, Jacob usó un puente o lazo, algo que era del evento real, como la *"piedra" (vv. 17, 18)* sobre la que recostó su cabeza. Probablemente para que cuando lo viera, pudiera recordarlo aún más claramente, y lo que sucedió ese día.

En segundo lugar, también consagró el lugar, lo que significa que lo apartó y tuvo una mini ceremonia en la que podría conmemorarlo aún más. Porque entonces Jacob *"derramó aceite sobre ella". (v.18)* Lo cual, obviamente , *no lo hacía* con fines de oración, sino simplemente otra forma que le haría recordar más el evento.

Luego, por último, cambia el nombre de la ubicación, que le estaba dando esa nueva identificación final. Y el nombre mismo *"Betel"* significa *"Casa de Dios". (v. 19)*, que permaneció por muchos años en Israel con ese nombre.

———————————

Perspectiva: Los monumentos conmemorativos son buenos, pero nunca deben reemplazar a Dios o la relación de una persona con Dios. En sí mismos no tienen nada único, aparte de la reflexión.

———————————

Sin embargo, si te diste cuenta, dije que los monumentos conmemorativos son buenos en *algunos* casos. Sin embargo, no en todos los casos, porque también pueden tener un resultado no deseado, especialmente, en lo que se refiere a cuestiones de fe. Eso es porque queremos tener cuidado de que no reemplacen a Dios, yendo a Él en oración, o en ese tiempo personal a solas. Además, alguien

Profundizando – Un Devocional de 30 Días

debe tener cuidado de no creer que el monumento tiene algún poder especial en sí mismo. Como una estatua o algo así, porque deberían hacernos una apreciación más profunda del evento o promesa, pero no reemplazarlo. C.S. Lewis dice: *"Un placer se desarrolla plenamente sólo cuando es recordar. Estás hablando... como si una cosa fuera el placer y otra la memoria. Es todo una sola cosa".* **número arábigo**

Desafío: *¿Qué monumentos conmemorativos son importantes para que yo reflexione sobre Dios? ¿A cuáles he permitido que reemplacen mi tiempo con Él?*

Ora: *Pidiéndole a Dios que nos ayude a recordar siempre tu bondad para con nosotros...*

Profundizando:

El **Comentario de Aplicación de la NVI** comenta sobre Génesis 28:12-16 de la siguiente manera: *"Cuando Jacob despierta, tiene dos respuestas. (1) Reconoce la naturaleza del lugar, que implica tres escalones. a) Identifica el carácter sagrado del lugar. Los portales estaban asociados con el espacio sagrado. Ya se ha señalado que los zigurats, que representan portales, se construyeron junto a los templos, que demarcaban el espacio sagrado. Dado que Jacob ha visto un portal aquí, identifica el espacio como espacio sagrado, una casa de Dios. Esta casa de Dios está en el extremo de la tierra del portal, mientras que el otro extremo del portal es la puerta del cielo. En la literatura mesopotámica, la escalera conducía a la puerta de los dioses, y Jacob está pensando en esos mismos términos. (b) Jacob coloca la piedra como una columna. Los pilares sagrados y los menhires son familiares en el entorno religioso del mundo antiguo. Los arqueólogos los han encontrado en una variedad de lugares de culto que datan desde el cuarto milenio hasta el primero. Pueden ser naturales o tallados, inscritos o lisos. Los cananeos los usaron (por ejemplo, en el lugar alto de Gezer), y se encontraron en la instalación de culto israelita en Arad. La unción del pilar constituye su dedicación. Algunos de los menhires que se han encontrado incluyen cuencas en su base para las libaciones.* Estas piedras a veces se entienden como las moradas de la deidad (casas de dios)."* **3**

Devoción escrito por el Pastor Frank y Samuel Gervasi

Profundizando – Un Devocional de 30 Días

---

1. Adaptado de https://www.britannica.com/place/Arlington-National-Cemetery; consultado el 31/10/2024.
2. AZ Quotes, https://www.azquotes.com/quote/381374, consultado el 31/10/2024.
3. Comentario de la aplicación de la NVI, Génesis, John Walton, Zondervan Académico 10/01/2000.

#26 - Un Compromiso Propio
Lea: Génesis *28:20-22*

"'... entonces el SEÑOR será mi Dios...'" **Génesis 28:21b, NVI**

Una de las partes más importantes de una ceremonia de boda es el "Sí, quiero", donde cada uno de los miembros de ese matrimonio promete amarse y estar al lado del otro como una promesa ante Dios. Para conmemorar este juramento, los miembros del matrimonio llevan un anillo en los dedos, para recordarse a sí mismos el compromiso que están haciendo.

En nuestra devoción de hoy, concluimos nuestro enfoque en el encuentro de Jacob con Dios en Betel. Y veremos cómo las promesas que Dios había hecho impulsan a Jacob a responder con una promesa propia.

Gran idea: *Las promesas de Dios deben llevarnos al compromiso y a la relación.*

En el versículo 20, vemos que *"Entonces Jacob hizo un voto..."*. En esta resolución, Jacob expresa su deseo de servir a Dios y seguirlo si Dios cuida de Jacob y cumple las promesas que había hecho en la visión. Nuestro pasaje enumera cinco pequeños componentes de esta promesa que Jacob hace ante Dios. Primero, le pide a Dios provisión. Recuerde que Jacob huyó de su casa abruptamente para escapar de las represalias de su hermano Esaú, por lo que Jacob estaba declarando su dependencia del Señor para suplir necesidades como comida y ropa. Jacob también pide la protección de Dios mientras viaja solo por el desierto. Posteriormente, Jacob se compromete a servir personalmente a Yahvé como a su propio Dios, como vemos en el versículo 21b: *"... entonces el SEÑOR será **mi** Dios..."* (NVI; énfasis añadido). Jacob

Profundizando – Un Devocional de 30 Días

había visto personalmente la gloria de Dios, y quería tener una relación personal con este Dios de promesas.

Discernimiento: **Dios desea tener una relación personal con cada persona, para que sean Sus hijos y sean conocidos por Él. Anhela estar en comunión con los que le temen.**

Después de que Jacob se compromete con esta relación personal, va un poco más allá: promete no solo recordar la promesa que Dios le había hecho en Betel, sino también dar de sus propios tesoros y recursos como ofrenda a Dios: *"... y de todo lo que me des, yo te daré el diezmo".* (v. 22) Dios desea que estemos comprometidos con Él y en relación con Él. Y cuando Él nos hace una promesa, debemos sentirnos movidos a comprometernos con Él a cambio. Porque Dios es fiel para cumplir cada una de sus promesas.

Desafío: **¿Cómo respondo cuando Dios me hace una promesa? ¿Cómo puedo servirle y seguirle con gratitud hoy?**

Orar: **Pedirle a Dios que se ocupe de mí y me ayude a servirle considerando Sus promesas...**

Profundizando:

El Comentario del Antiguo Testamento dice : *"Los votos en el mundo antiguo generalmente implicaban una petición hecha a la deidad con la promesa de un regalo a cambio cuando la petición se cumpliera. La solicitud a menudo se refería a la protección o provisión, y el regalo era típicamente un sacrificio o una donación al santuario de la deidad. Los detalles de este capítulo se ajustan a ese patrón. Dios ha prometido protección, provisión y regreso a la tierra, por lo que Jacob los convierte en la condición de su regalo ofrecido: un diezmo de todo lo que adquiera durante su ausencia. La riqueza y la posesión en el mundo antiguo no se basaban en el dinero, por lo que Jacob espera ganar rebaños y manadas. Aunque los diezmos a veces podían ser una forma de imposición, este diezmo no se le impone a Jacob. Los regalos relacionados con los votos generalmente se daban al templo (ya sea por medio de sacrificio o donación), pero en este caso*

Profundizando – Un Devocional de 30 Días

tendrá que ser por sacrificio porque las donaciones deben entregarse a los administradores del templo, y aquí no hay un templo formal. Jacob regresa a Betel para cumplir su voto en Génesis 35. 1

Devoción escrito por el Pastor Frank y Samuel Gervasi

---

1. Zondervan Trasfondo Bíblico Ilustrado: Comentario del Antiguo Testamento, Copyright © 2002.

#27 - En el punto de mira
Leer: *Juan 5:1-15*

—*¿Quieres curarte?* **Juan 5:6**

En nuestra devoción de hoy estamos comenzando una mirada a la oración. Y estudiaremos una historia acerca de un hombre que necesitaba la sanidad de Dios. Había sido un inválido durante mucho tiempo y había intentado muchas veces hacer lo que algunos enfermos estaban acostumbrados a hacer, pero lo había pasado mal. De hecho, veremos algunas actitudes que son comunes, especialmente cuando se trata de cambios en la vida de las personas o de superar obstáculos en un área particular de la vida.

Gran idea: *Al tratar de superar obstáculos, debemos orar con concentración*

Al enfrentar un desafío, debemos entender su obstáculo (vv. 1-4.) Lo que significa que si vamos a cambiar de alguna manera, ya sea un desafío grande o pequeño, necesitamos entender qué es completamente. Ahora, en el caso de la historia, el desafío era la curación física. Pero también hay obstáculos que se encuentran en el ámbito mental que vamos a ver. La ubicación en sí se llamaba "Bethesda", dependiendo de su versión. Sin embargo, el versículo 2 dice: *"Ahora bien, hay en Jerusalén, cerca de la Puerta de las Ovejas, un estanque que en arameo se llama Betesda[a] y que está rodeado por cinco columnatas cubiertas".*

Algunos han sugerido que significa *"Casa de misericordia", (desconocido)*. Sin embargo, era uno que Jesús conocía bien, porque era el lugar de la alimentación

Profundizando – Un Devocional de 30 Días

de los 5000. Así como uno de los discípulos, Felipe era de allí. Pero también, en el v.2 mencionan una puerta de ovejas. Entonces, había compra y venta de ovejas, también un estanque para abrevar a las ovejas, probablemente también a los pastores. Entonces, puedes imaginar un poco el entorno. Sin embargo, también piensa en el ambiente que estaba presente, había diferentes obstáculos. En primer lugar, había muchas personas discapacitadas, es decir, personas enfermas tiradas por ahí. De hecho, el versículo 3 dice: *"Un gran número de enfermos"*. Entonces, creo que podría haber sido un poco deprimente y un poco triste surroundings._____

***Perspicacia:** Independientemente del obstáculo, Dios puede traer la victoria, pero debemos vencer las actitudes negativas y mostrar fe confiando plenamente en Él*

_____

Los diversos niveles de necesidad son oportunidades para mostrar nuestra fe en Dios. En el pasaje de hoy menciona un par más. *"Aquí solía yacer un gran número de personas discapacitadas: ciegos, cojos, paralíticos. 5 Uno de los que estaban allí había sido inválido durante treinta y ocho años.* No es por minimizar ningún desafío físico, pero los ciegos eran quizás los que menos dependían de los demás. Porque todavía pueden caminar y hacer algunas cosas por sí mismos. Sin embargo, es posible que el cojo haya sido solo una o dos partes del cuerpo que no funcionan. Sin embargo, los paralíticos eran probablemente los peores de ellos, porque esto puede haber sido de naturaleza total. Además, la duración de la necesidad era larga porque el versículo 5 dice: *"había sido inválido por treinta y ocho años"*.

Independientemente de cuán grandes o difíciles sean nuestros desafíos en la vida, debemos mantenernos enfocados porque Dios es capaz y podemos confiar plenamente en Él.

_____

***Desafío:** ¿Cómo abordamos los desafíos de la vida? ¿Oramos con concentración o no?*

***Orar:** Pedirle a Dios que nos dé un enfoque y una visión que pueda ayudarnos a darnos fe cuando oramos...*

_____

Profundizando – Un Devocional de 30 Días

Profundizando:

El Comentario del Antiguo Testamento dice: *"Un estanque [...] llamado Betesda (5:2). Los baños públicos eran estándar en las ciudades grecorromanas, y la gente se congregaba allí. Un rollo de Qumrán atestigua el nombre de este estanque (3Q15 11.12-13), y los arqueólogos han descubierto un estanque en este lugar que encaja precisamente con esta descripción. Aunque no todos los eruditos están de acuerdo en el sitio de Betesda (o su ortografía exacta), muchos prefieren un sitio debajo de la Iglesia de Santa Ana en Jerusalén, justo al norte-noreste del templo. Las piscinas eran bastante grandes (como un campo de fútbol) y de aproximadamente veinte pies de profundidad. Este sitio tenía dos piscinas gemelas, rodeadas por cuatro porches, o pórticos, y un porche (un quinto) en el medio que separaba las piscinas (tal vez separando los géneros). Aunque Juan escribe después de que Jerusalén fue destruida en el año 70 d.C., su recuerdo del sitio es exacto.* **1**

Devoción escrito por el Pastor Frank y Samuel Gervasi

----

1.   Zondervan Trasfondo Bíblico Ilustrado: Comentario del Antiguo Testamento, Copyright © 2002.

#28 - Recoge tu esterilla
Leer: Juan *5:5-15*

"Al instante, el hombre fue sanado; Tomó su colchoneta y caminó". **Juan 5:9a, NVI**

Bubble Wrap celebró sus bodas de oro en enero de 2010. Aunque la función principal es proporcionar seguridad acolchada, *"el plástico de burbujas se inventó originalmente para otro uso: el papel tapiz. A finales de la década de 1950, un diseñador de la ciudad de Nueva York buscaba un nuevo tipo de revestimiento de pared texturizado, pero la idea nunca despegó, sin embargo, los inventores Marc Chavannes y Al Fielding imaginaron una aplicación diferente para el papel pintado burbujeante. Decidieron hacer un cambio y crearon una industria con ingresos anuales de $ 4 mil millones. La visión de estos dos inventores marcó la diferencia entre el éxito y el fracaso de Bubble Wrap".* **1**

A veces, todos llegamos a un punto en el que lo que hemos estado haciendo simplemente no funciona, y necesitamos un cambio, una transformación, por así decirlo. Como cristianos, tenemos acceso a un poder que cambia vidas en Cristo, pero a veces nuestras propias emociones y actitudes pueden interponerse en el camino.

Gran idea: *Cuando buscamos la transformación en la vida, debemos superar las actitudes y mentalidades negativas que se nos presentan.*

Profundizando – Un Devocional de 30 Días

Cualquiera que sea el área en la que busquemos un cambio, podemos estar seguros de que habrá personas cuyas disposiciones y perspectivas tratarán de obstaculizar el crecimiento que estamos buscando.

9b-10 *"El día en que esto sucedió era sábado, y los jefes judíos dijeron al hombre que había sido sanado: 'Es sábado; la ley te prohíbe llevar tu camilla '"* (NVI) ¡Si no es eso lo más horrible que se le puede decir a alguien que quedó lisiado y luego sanó! Pero si miramos más de cerca, podemos ver que los líderes religiosos no fueron los únicos que trajeron su equipaje a esta situación: ¡el inválido también tenía sus propios obstáculos! En el versículo seis, Jesús hace una pregunta que parece ridícula en la superficie: *"¿Quieres sanar?"* ¿No es obvio para Jesús que la respuesta es un rotundo "¡¡SÍ!!"? Sin embargo, mire la respuesta del enfermo a Jesús en el v.7: *"No tengo a nadie que me ayude a entrar en el estanque cuando el agua se agita. Mientras intento entrar, alguien más se me adelanta"*. Cuando se le presenta la oportunidad de avanzar con la transformación en el presente, en cambio mira hacia el pasado y revela una actitud de completo desaliento. Parece que tal vez incluso ha renunciado a buscar la curación. Tal vez la pregunta de Jesús no era tan ridícula después de todo.

———————————

Perspicacia: *Cada persona es diferente, físicamente, en carácter y en mentalidad. Es importante entendernos a nosotros mismos para entender las actitudes exactas que tendremos que superar.*

———————————

Incluso hoy en día, nosotros, como cristianos, traemos nuestras mentalidades negativas a la mesa cuando Dios quiere hacer algo grande en nuestras vidas. Algunos de nosotros traemos un corazón encallecido que desconfía y desconfía de Dios debido a las pruebas pasadas. Algunos de nosotros tenemos una perspectiva temerosa que mira más a los obstáculos que al poder de Dios y por eso se niega a salir del barco. Algunos de nosotros traemos una negatividad tóxica, que se niega a disfrutar de las bendiciones de Dios y siempre espera lo peor, por miedo a ser defraudados. Dios desea que dejemos a un lado estas actitudes negativas, que confiemos plenamente en Él y permitamos que Su poder transformador haga su obra. Esto no quiere decir que porque tenemos fe, siempre recibiremos el resultado deseado; pero es para decir que cuando confiamos en Dios, la transformación sin obstáculos que Él trae siempre será para nuestro bien.

Al final, el enfermo en la piscina fue sanado ese día, y Jesús cambió su vida por completo. Nosotros también podemos necesitar la transformación de Dios en algún área de nuestras vidas. Dejemos a un lado esas actitudes y mentalidades que nos obstaculizan y elijamos en cambio confiar y rendirnos a Él.

Desafío: ¿Cuáles son algunas actitudes que no dan gloria a Dios? ¿Cómo puedo superarlos y elegir confiar hoy?

Orar: Pedirle a Dios que me ayude a confiar sin importar los obstáculos que enfrente...

Profundizando:

En el versículo 5, se nos dice que el enfermo había estado esperando en el estanque la sanidad durante *treinta y ocho años*. La **Biblia de Estudio MacArthur de la NKJV, 2ª Edición** dice acerca de este número: *"Juan incluyó esta cifra para enfatizar la gravedad de la enfermedad debilitante que afligía al individuo. Puesto que su enfermedad había sido presenciada por muchas personas durante casi 4 décadas, cuando Jesús lo curó, todos conocían la autenticidad de la curación (cf. v. 9)".* **número arábigo**

Devoción escrito por el Pastor Frank y Samuel Gervasi

---

1. Ministerio 127, https://ministry127.com/resources/illustration/the-importance-of-being-flexible, consultado el 21/03/2025.
2. Derechos de autor © 1997, 2006, 2019 por Thomas Nelson. Todos los derechos reservados.

Profundizando – Un Devocional de 30 Días

#29 - Las semillas que estamos plantando
Leer: *__Filipenses 1:1-11__*

"Es justo para mí sentirme así por todos ustedes, ya que los tengo en mi corazón y, ya sea que esté encadenado o defendiendo y confirmando el evangelio, todos ustedes comparten la gracia de Dios conmigo". **Filipenses 1:7**

Un día, cuando un niño llegó a casa de la escuela, encontró la camioneta de un vecino estacionada en el jardín de su familia. Al parecer, el padre del niño le había dicho al vecino que podía quedarse con los tallos de maíz como forraje. Entonces, el joven se metió en la cama del jardín y ayudó a arrancar los tallos de raíz mientras los arrojaba a la caja del camión. Para cuando terminaron, toda el área parecía haber sido preparada a propósito para la siembra. Entonces, el niño fue a buscar una bolsa de maní que le había dado su abuela. Los espació de un lado a otro de las filas y se quedó sin cacahuetes justo cuando se quedó sin filas. Todo parecía perfecto. Sin embargo, no fue hasta después de una fuerte paliza de su padre que le quedó claro que la cama vacía no era para los cacahuetes que había plantado. El padre lo había destinado para alguna otra verdura, pero muy pronto, esa parcela de jardín llena de cacahuetes floreció. La cosecha produjo un catre militar lleno de cacahuetes para secar.

Gran idea: *Conocer a Jesús y vivir para Él produce buenos frutos que glorifican a Dios y edifican a otros.*

Puede que no estemos plantando cacahuetes en estos días, pero todos estamos plantando semillas que produzcan frutos en el futuro. Escuché a una persona decir esto: "Que lo que somos por dentro, siempre se mostrará por fuera". La

Profundizando – Un Devocional de 30 Días

iglesia de Filipos fue elogiada por el apóstol Pablo por el fruto que sus vidas estaban produciendo, en dos áreas principales.

Por un lado, los elogió por ayudarlo a compartir el Evangelio con los demás, usando la frase *"... vuestra participación en el Evangelio..."* en el versículo 5. Me gusta eso porque muestra una mentalidad que se da cuenta de que una iglesia crece cuando todo el cuerpo de la iglesia asume la responsabilidad de llevar a otros las Buenas Nuevas. Y si lo piensas, fueron fieles en hacer esto, porque él también usa la frase "desde el principio". Lo que implica que su fidelidad en compartir el Evangelio fue de una amplia period.

__Perspicacia: Vivir__ la vida en obediencia a los mandamientos de Dios es la mejor manera de crear un impacto duradero en este mundo. Como creyentes, naturalmente comenzamos a producir "el fruto de justicia" porque Cristo vive en nosotros. Sin embargo, a menudo tenemos que elegir obedecer a Dios y vivir nuestra fe.

La iglesia de Filipos también fue elogiada por su generosidad. Estaban dispuestos a utilizar los recursos financieros que Dios les había confiado para el avance de la obra de Dios. La iglesia de Filipos había enviado previamente regalos a la iglesia perseguida en Jerusalén y había apoyado a misioneros como Timoteo y Epafrodito. Todas estas cosas mostraban su generosidad.

El apóstol Pablo respondió a este fruto que la iglesia había demostrado primero dando gracias a Dios por ellos. No solo de pasada, sino "cada vez que me acuerdo de vosotros" (v. 3) y "por todos vosotros". (vers. 4) Y por último, rezó para que *"... su amor abundaría cada vez más en conocimiento y en profundidad de entendimiento..."* (v. 9) La iglesia de Filipos había producido buenos frutos, pero también había lugar para crecer. Incluso para nosotros hoy, no importa cuánto tiempo hayamos sido cristianos o cuánto hayamos crecido en el pasado, ninguno de nosotros llegará. Todos necesitamos seguir creciendo y llegar a ser más como Jesús. Pablo estaba orando para que Cristo continuara obrando en sus vidas. Y al final, traerían gloria a Dios, todo porque estaban encontrando su identidad en Él y produciendo el *"fruto de justicia que viene por medio de Jesucristo para gloria y alabanza de Dios".* (vers. 11)

"En las Escrituras, la palabra 'semilla' se usa literalmente para referirse al organismo vegetal esencial que permite a la especie reproducirse a sí misma (Génesis 1:11)... También se usa de muchas maneras figurativas: de descendencia humana, descendientes y progenie (Génesis 3:15, 13:15); de "la palabra del reino" (Mt 13, 3-23); de "los hijos del reino de los cielos" (Mt 13,38); de "la palabra de Dios" (Lc 8,11; 1 Pe 1,23); y del mismo 'reino de los cielos' (Mt. 13:31-32)". 1

Reto: ¿Qué fruto está produciendo mi vida? ¿Trae gloria y alabanza a Dios o no? ¿Cómo puedo seguir creciendo en mi caminar con Cristo?

Orar: Pidiéndole a Dios que continúe su buena obra en mí, para que pueda dar fruto que le agrade...

Profundizando:

*En la oración del apóstol Pablo en el versículo 9, él ora para que el amor de los filipenses abunde "**más y más**". Esta frase nos da una imagen de un paso encima de otro y encima de otro. Lo que nos muestra esto: **la santificación no siempre es instantánea**. Posicionalmente, somos "santificados" y lavados en el momento en que aceptamos a Cristo. Pero el "cómo" y la aplicación real es un proceso. A veces son 2 pasos hacia adelante y 1 paso hacia atrás. ¡A veces es 1 paso adelante y 2 pasos atrás! Pero debemos recordar que somos un trabajo en progreso. Cristo todavía está obrando en nuestras vidas para hacernos más semejantes a Él. Consuélense hoy al saber que "... el que comenzó en vosotros la buena obra, la perfeccionará hasta el día de Cristo Jesús". (vers. 6)*

Devoción escrito por el Pastor Frank y Samuel Gervasi

---

1.   Diccionario Bíblico Wycliffe, pág. 1543, Charles F. Pfeiffer, Howard F. Vos, John Rea

Profundizando – Un Devocional de 30 Días

#30 - ¿Quién es la persona en el espejo?

Lea: Santiago   *1:19-27*

"Cualquiera que escuche la palabra pero no haga lo que ella dice es como quien se mira a la cara en un espejo y, después de mirarse a sí mismo, se va e inmediatamente se olvida de cómo es". **Santiago 1:23-24**

Warren Wiersbe cuenta en su libro **Be Free** el hecho de que jóvenes pastores y ministros visitaban a menudo al gran predicador británico G. Campbell Morgan. A menudo le preguntaban cuál era el secreto de su éxito. Porque se decía que tenía una fe cristiana genuina y sólida. Se dice que Morgan respondió: *"Siempre les digo lo mismo: trabajo; trabajo duro; Y de nuevo, ¡trabajar!"* **1** Y Morgan siguió su propio consejo. Él estaba en su estudio todas las mañanas a las 6 en punto, buscando ricos tesoros de su Biblia para pasarlos al pueblo de Dios.

Gran idea: *Practicar los mandamientos bíblicos es para todos los creyentes y debe practicarse para que cada persona pueda crecer, evitando la hipocresía.*

Dios quiere que nos esforcemos por crecer, siempre practicando los principios bíblicos y aplicándolos a nuestras vidas. *"Hermanos y hermanas" (v. 19)* eran términos que estaban reservados para los seguidores de Cristo. A veces la gente quiere decir que Dios nos hará crecer a medida que lo busquemos. Y eso es cierto, pero eso nunca debe usarse como una excusa para NO intentar, empujar, esforzarse y tratar deliberadamente de convertirse en un creyente maduro en

Profundizando – Un Devocional de 30 Días

Jesucristo, especialmente en las áreas en las que podemos. Ahora, por supuesto, las áreas que son difíciles para nosotros específicamente, requerirán la ayuda de Dios a través del Espíritu Santo y la oración.

James enumera varias áreas diferentes en las que se muestra una vida madura. Por ejemplo, ser un buen oyente: *"Todos deben ser rápidos para escuchar y lentos para hablar". (vers. 19.)* También menciona el control de nuestro temperamento, *"lento para enojarnos". (vers. 19.)* Así como evitar el comportamiento malvado: *"Por tanto, deshazte de toda inmundicia moral y del mal que tanto prevalece" (v. 21).* Todos los caminos son característicos de una persona que es madura en la fe.

———————

***Perspicacia: Aprender** los mandamientos de Dios debe aprenderse y aplicarse siempre, para que podamos experimentar lo mejor de Dios. También debemos evitar las mentalidades que obstaculizan nuestro camino de fe.*

———————

Las razones pueden ser muchas por las que no experimentamos lo mejor de Dios en la vida. A veces se puede *sentir que no podemos crecer* más o *que no nos damos cuenta cuando no lo hacemos* debido a la ignorancia personal. Otras veces puede ser *agotador hacer* el bien cuando tantas personas a nuestro alrededor pueden estar haciendo lo contrario. Sin embargo, independientemente de por qué, podemos estar seguros de que Dios no quiere que evitemos deliberadamente la santidad y mostremos a los demás algo diferente. La hipocresía siempre fue desalentada por Cristo. El estilo de escritura de James fue considerado *en tu cara por algunos.* Sin embargo, puede haber sido porque quería que los cristianos practicaran lo que estaban aprendiendo. Lo cual se podría ver de varias maneras en las interacciones cotidianas. Él desafía a los demás, ya sea que estén viviendo su fe de maneras tangibles como el habla (v. 26), ayudando a los menos afortunados (v. 27), y manteniendo un enfoque adecuado (v. 27) cuando dice: *"guardarse de ser contaminado por el mundo".*

Una declaración popular sobre cómo un cristiano puede reconciliar las diferencias en cómo debemos vivir bíblicamente y la cultura que nos rodea es: *¡Estar en el mundo pero no ser de él!*

———————

Profundizando – Un Devocional de 30 Días

Desafío: _¿Qué veo cuando me miro a mí mismo? ¿Mi vida se alinea con la forma en que las Escrituras me enseñan o no? ¿Cómo puedo seguir creciendo en la fe?_

Orar: _Pedirle a Dios que continúe Su obra en las áreas de mi vida, para que mi fe se esté viviendo...._

Profundizando:

Los antiguos escritores bíblicos a veces comparaban el crecimiento con objetos cotidianos con los que la gente estaba familiarizada. Sin embargo, su uso o comparación con un hombre que se mira en el espejo y olvida cómo se veían fue poderoso. La **_Biblia de Estudio de los Antecedentes Culturales de la NVI_** dice: _"Algunos maestros de moral recomendaron el uso de un espejo para la reflexión moral. Los espejos antiguos rara vez producían las imágenes más precisas disponibles hoy en día"._ _2_ Si eso es cierto acerca de la calidad de los espejos en los tiempos bíblicos, entonces es posible que Santiago esté mostrando la falta de compromiso en recordar los mandamientos bíblicos lo suficiente como para aplicarlos. Podemos asumir que si vamos a crecer en la fe, será necesario un esfuerzo de nuestra parte para tener éxito.

Devoción escrita por el Pastor Frank y Samuel Gervasi

---

1.   Sé libre, Chariot Victor Publishing, Copyright 1975.
2.   Biblia de Estudio de Antecedentes Culturales, Zondervan, Copyright 2016

Profundizando – Un Devocional de 30 Días

www.ingramcontent.com/pod-product-compliance
Lightning Source LLC
Chambersburg PA
CBHW071318130626
46556CB00004B/1644